spielend deutsch A1

allemand übungen!

180 activités pour réviser et progresser

Lire • écrire • écouter

avec fichiers audio à télécharger

20 séquences thématiques

180 exercices ludiques corrigés

36 fichiers audio

Wolfgang Hammel

ellipses

Du même auteur, chez le même éditeur

- *Petite grammaire de l'allemand,* 160 pages
- *Aus, bei, mit, nach, seit, von, zu… les prépositions vous disent tout !*
  Comprendre les prépositions et améliorer son allemand en s'amusant, 128 pages
- *Allemand tout simplement (L'),* 192 pages
- *100 mots-clés pour enrichir son allemand,* 304 pages

Téléchargez les fichiers audio sur notre site www.editions-ellipses.fr

ISBN 978-2-7298-6438-5

32, rue Bargue 75740 Paris cedex 15

www.editions-ellipses.fr

Table des matières

1. Wer bist du? (1)

Objectifs : se présenter ; les pronoms personnels (1) ; le verbe sein ; conjugaison des verbes réguliers au présent ; questions "qui" et "où".

Le verbe "être"

<u>**sein**</u>

ich	**bin**
du	**bist**
er	**ist**
sie	**ist**
es	**ist**
wir	**sind**
ihr	**seid**
sie	**sind**

1. ***Relie les éléments qui vont ensemble. Tu as parfois plusieurs possibilités !***

a. Ich	sind	**ein Junge.**
b. Du	ist	sympathisch.
c. **Jean-Paul**	sind	in Deutschland.
d. Marianne	seid	ein Mädchen.
e. Berlin	ist	**groß.**
f. Das Baby	bin	klein.
g. Ihr	**ist**	Max und Anna.
h. Die Kinder	bist	dumm.
i. Wir	ist	**in Paris.**

2. ***Quelle est la forme du verbe "être" dans ces phrases ?***

a. Wir .... glücklich! — *Nous sommes heureux.*

b. Ich .... dran! — *C'est mon tour !*

c. Er .... sauer! — *Il est fâché !*

d. .... du verliebt? — *Es-tu amoureuse ?*

e. Es .... aus!!! — *C'est fini !!!*

f. Seid .... krank? — *Êtes-vous malade ?*

g. Sie .... verheiratet. — *Ils sont mariés.*

3. ***Qui habite où ?*** **- Wer wohnt wo?**

Trouve le chemin pour aller dans la ville où chacun habite :

a. Jean Pascal	wohnt *in Paris.*	Bejing 
b. Svetlana	....	 Rom
c. Pedro	....	 Moskau
d. Hans-Peter	....	Barcelona 
e. Djamel	....	 Istanbul
f. Laura	....	London 
g. Mehmet	....	 Paris ✓
h. Liling	....	Berlin 
i. James	....	 Casablanca

Les verbes réguliers "habiter"

<u>wohn / en</u>

ich wohn/ e
du wohn/ st
er wohn/ t
wir wohn/ en
ihr wohn/ t
sie wohn/ en

D'autres verbes suivent le même schéma :

kommen : *venir*
gehen : *aller*
trinken : *boire*
machen : *faire*
bleiben : *rester*
sagen : *dire*

4. ***Pêle-mêle - Quel est le verbe conjugué qui manque ?***

machen | gehen | seid | bleibe | bin | wohnt | sagst | bist | trinkt | sagt | macht

a. Maria .... "Hallo!"
b. Ich .... in Paris!
c. Wo .... ihr ?
d. Das Baby .... Milch.
e. Was *(que)* .... du ?
f. Wir .... Musik.
g. Wer .... du?
h. Was .... ihr?
i. Ich .... hier.
j. .... ihr Tim und Pia?
k. Die Kinder .... in das Restaurant.

5. ***Quelle paire de mots manque dans ces phrases ?***

neu : *nouveau* / auch : *aussi*

a. Das <u>Mädchen</u> <u>ist</u> Susanne.

b. Die .... Paul und Tom.

c. Der Junge .... in ....

d. Das .... ist ....

e. Ich .... hier.

f. .... du .... in Frankfurt?

g. Der .... und das Mädchen sind in ....

Junge – Paris
bin – neu
~~Mädchen~~ – ~~ist~~
Kinder – sind
wohnt – Berlin
Baby – klein
wohnst – auch

6. ***Écoute le dialogue et marque la forme du verbe :***

a. Hallo. Ich .... aus Köln.

b. Woher .... du?

c. Ich .... aus Frankfurt.

d. Und die Kinder ? Woher .... sie?

e. Sie .... aus Paris.

f. Wo .... Paris?

g. Paris .... in Frankreich.

La question* woher *se traduit par "d'où".

Woher kommst du?

D'où viens-tu ?

Pour répondre, on utilise le petit mot* aus *qui explique l'origine :

Ich komme aus Berlin.

Er kommt aus Deutschland.

7. **Wo *ou* woher ? *Barre la mauvaise question :***

a.	~~Wo~~	Woher	kommen die Orangen?	→ Sie kommen aus Spanien.
b.	Wo	Woher	wohnt Antonietta?	→ Sie wohnt in Rom.
c.	Wo	Woher	ist Onkel Jimmy?	→ Er ist aus Amerika.
d.	Wo	Woher	ist das Baby?	→ Es ist hier!
e.	Wo	Woher	kommen die Bananen?	→ Sie kommen aus Afrika.

8. ***Visite en Allemagne - d'où viennent-ils ? Mets de l'ordre !***

a. Sven vient de la ville où se trouve le plus grand aéroport d'Allemagne.

RKFANUFTR

Sven kommt aus FRANKFURT.

b. Anita vient de la ville où l'on fabrique les BMW et où joue le Bayern de Munich !

MNCÜNHE

Anita ....

c. Hugo et Jan viennent de la ville où l'on a fabriqué l'eau de Cologne.

ÖLKN

Hugo und Jan ....

d. Stefan vient de la ville du nord de l'Allemagne qui possède un grand port.

MAHGRUB

Stefan ....

e. Lisa vient de la capitale de l'Allemagne.

BRLNIE

Lisa ....

f. Alexandra vient d'une ville qui s'écrit comme le verbe "manger" en allemand...

NESES

Alexandra ....

Woher kommst du?

Ich komme aus .... !

1. Wer bist du? (2)

1. *Comment s'appellent-ils ? Présente-les !*

a. Wie heißt sie?	 Lea	Sie ……………… ………………
b. Wie heißt er?	 Jim	……………… ……………… ………………
c. Wie heißen sie?	 Tom & Pit	……………… ……………… ………………

Le verbe "s'appeler"

<u>heißen</u>

ich heiße
du heißt
er heißt
wir heißen
ihr heißt
sie heißen

Wie heißt du?
Comment t'appelles-tu ?

Wie heißt du? ………………………………………………………………………………………

2. *Écoute le dialogue et remplis la boîte à renseignements :*

 der Junge	 das Mädchen
Er heißt ……………………………………	Sie heißt …………………………………
Er kommt aus ………………………	Sie kommt aus ……………………
Er wohnt in …………………………	Sie wohnt in …………………………

3. ***À qui appartiennent ces prénoms ? Garçon ou fille ? Range-les ! Petit "truc" : les prénoms masculins se terminent souvent par une consonne ! Les prénoms féminins par une voyelle... Mais ceci n'est pas une règle absolue !***

Felix
Emily
Tim
Lisa
Laura
Bernd
Lea

Leonie
Luca
Niklas
Mina
Jonas
Jürgen
Sven

4. **Wer bist du?** ***Maintenant tu peux te présenter ! Remplis le questionnaire :***

Du bist ein Junge ☐ Du bist ein Mädchen ☐

Wie heißt du? ....

Woher kommst du? ....

Wo wohnst du? ....

5. ***À toi de présenter quelqu'un. Un chanteur, une chanteuse, un acteur, une actrice, ton voisin, ta voisine...***

Er heißt	Sie heißt ....
Er kommt aus	Sie kommt aus ....
Er wohnt in	Sie wohnt in ....

2. Was ist das?

Objectifs : les noms communs ; les articles définis et indéfinis ; le verbe haben ; le COD (l'accusatif) ; questions "que, quoi" ; le vocabulaire international.

1. ***Voici les quatre sphères des articles.***
   Range les mots selon leur déterminant :

der *masculin* — **die** *féminin* — **das** *neutre* — **die** *pluriel*

Junge	Mädchen	Kinder	Baby	Maus
Restaurant	Wagen	Hund	Katze	Mann
Frau	Musik	Radios	Computer	Milch
Kind	Haus	Handy	Bett	Sonne

À chaque article défini, un article indéfini ! **- Was ist das ? Das ist ein Bus!**

der Bus → ein Bus

die Katze → eine Katze

das Radio → ein Radio

die Kinder → Kinder

2. ***Range les mots de l'exercice 1 dans les cases selon leur genre :***

masculin : ein
Junge
....
....
....
....

féminin : eine
....
....
....
....
....
....

neutre : ein
....
....
....
....
....
....
....

pluriel : - - -
....
....

3. **Herr Blau *ne comprend plus rien ! Dans chaque mot il y a une lettre de trop ! Marque la lettre dans les cases ci-dessous et tu découvriras la solution ! Il s'agit d'un mot masculin en allemand :***

1. RACDIO
2. SOONNE
3. KAMTZE
4. WAGPEN
5. MUUSIK
6. KINDT
7. JEUNGE
8. FRARU

der 1.☐ 2.☐ 3.☐ 4.☐ 5.☐ 6.☐ 7.☐ 8.☐

4. ***L'ordinateur - Recopie les mots suivants avec leurs articles indéfinis :***

	der Computer *ein Computer*	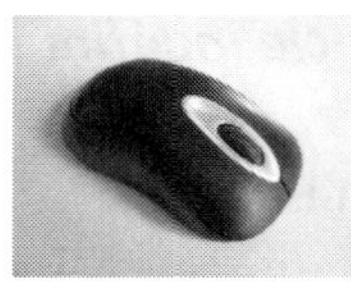	die Maus ....
	die Tastatur		der Laptop ....
	der Drucker		der Bildschirm ....
@	die E-Mail		das Kabel ....

5. *Trouve la bonne forme du verbe "avoir"* – haben :

habt · hat · hast · habe · haben · haben · hat

a. Der Junge .... ein Radio.

b. Was .... du ?

c. Die Kinder .... ein Haus.

d. .... ihr eine Katze?

e. Wir .... eine CD und hören Musik.

f. Frau Maier .... ein Baby.

g. Ich .... ein Handy.

> ***Le verbe "avoir"* – haben**
> **ich habe / du hast / er hat / wir haben / ihr habt / sie haben**

6. *Écoute les phrases et coche le mot correct :*

a. Wo ist der
- ☐ Hund?
- ☐ Computer?
- ☐ Wagen?

b. Die
- ☐ Katze
- ☐ Frau
- ☐ Maus

heißt Pussy.

c. Hast du
- ☐ ein Radio?
- ☐ ein Bett?
- ☐ ein Handy?

d. Der Junge
- ☐ wohnt
- ☐ bleibt
- ☐ ist

in Bonn.

e. Wo ist
- ☐ der Wagen?
- ☐ der Bus?
- ☐ der Mann?

f. Die Kinder
- ☐ machen
- ☐ trinken
- ☐ sagen

Kakao.

> ***L'article défini et indéfini masculin (der/ein) change au COD (accusatif) :***
>
> **der → den**
> **ein → einen**

7. Was hast du?

Coche parmi ces éléments ceux que tu possèdes :

Ich habe :	ein Radio	☐
Ich habe :	einen Hund	☐
Ich habe :	eine Katze	☐
Ich habe :	eine CD	☐
Ich habe :	einen Wagen	☐
Ich habe :	eine E-Mail Adresse	☐
Ich habe :	einen Computer	☐
Ich habe :	ein Handy	☐

8. ***Qu'est-ce qui va ensemble ? Il n'y a qu'un seul chemin qui mène au but !***

a. Frau Müller •
b. Du •
c. Der Junge und das Mädchen •
d. Ich •
e. Ihr •
f. Die E-Mail Adresse •

• wohnen in Paris.
• ist lea@kabel.de.
• hat einen Hund.
• heißt Paul und Susanne.
• hast ein Radio.
• heiße Sebastian.

9. ***Écoute et lis ce texte. Il y a sûrement beaucoup de mots que tu ne connais pas encore. Mais il y a probablement des mots que tu arrives à reconnaître... Souligne-les et compte-les !***

Viele Touristen kommen aus Deutschland und aus England nach Paris. Die Hauptstadt von Frankreich hat viele Monumente. Jeder will den Eiffelturm oder das Museum "Der Louvre" besichtigen. Aber die Touristen wollen auch französische Spezialitäten haben: Rotwein aus Bordeaux und Käse, wie Roquefort oder Brie.

Die Restaurants sind immer voll. Auf den Menüs findet man: das Steak, das Omelette mit Champignons, oder Salat. Die Besucher müssen die Hotels sehr früh reservieren. Am Morgen haben die Gäste ein französisches Frühstück: Baguette mit Butter und Konfitüre, Croissants und Kaffee mit Milch.

Die Touristen möchten auch Souvenirs kaufen: die Frauen kaufen Parfüm, die Männer kaufen Krawatten und die Kinder möchten T-Shirts.

Combien de mots as-tu trouvé ? ☐ *Plus de 5 : Bien* ☐ *Plus de 10 : Très bien !*

☐ *Plus de 15 : Excellent !* ☐ *Plus de 20 : Champion !!!*

10. ***Quel est le nouveau mot du texte que tu entends ?***

○ Deutschland *l'Allemagne*
○ das Monument *le monument*
○ die Spezialität *la spécialité*
(1) die Konfitüre *la confiture*
○ das Souvenir *le souvenir*
○ das Omelette *l'omelette*
○ der Salat *la salade*
○ das Baguette *la baguette*
○ das T-Shirt *le T-shirt*
○ der Champignon *le champignon de Paris*

3. Guten Tag!

Objectifs : les salutations ; dire bonjour. La forme de politesse. Poser des questions. Des métiers au masculin et au féminin.

1. *Bonjour – Bonsoir... Que dis-tu à ces moments de la journée ?*

a. "Guten .... "

b. " ...."

c. " ...."

d. " ...."

***"Bonjour" se dit en allemand en fonction du moment de la journée. Le matin jusqu'à 10 heures, on dit* Guten Morgen *(bonne matinée). De 10 à 18 heures, on dit* Guten Tag *(bonne journée) et à partir de 18 heures, on dit* Guten Abend *(bonne soirée). Et pour se coucher :* Gute Nacht *(bonne nuit)*!**

2. *Bonjour Monsieur, Bonjour Madame !*
Tu rencontres ces personnes – comment vas-tu les saluer ?

Les salutations

***Monsieur* : (der) Herr**
***Madame* : (die) Frau**

a. Tu sors du cinéma, il est 17 heures – Monsieur Blum :

a. "Guten Tag, Herr Blum."

b. Tu vois ton professeur, il est 9 heures – Madame Mehl:

....

c. Tu entres au restaurant, il est 21 heures – Madame Klee:

....

d. En colonie de vacances, tu vas te coucher – Monsieur Mut:

....

3. *Te rappelles-tu des moments de la journée ?*

die N __ C H __

der A __ E __ D

der T __ G

der M __ R G __ N

4. ***Que fais-tu, Paul ? Que faites-vous, Madame Steiner ? Quelle est la forme de politesse dans les questions suivantes ?***

> ***La forme de politesse est identique à la 3e personne du pluriel ! SAUF qu'elle prend un "S" majuscule ! Habitez-vous à Berlin ?*** → **Wohnen Sie in Berlin?**

a. Was machst du, Paul? → Was machen Sie, Frau Stahl ?

b. Was trinkst du, Max? → Was .... , Herr Kahn?

c. Wo wohnst du, Luca? → Wo .... , Frau Klein?

d. Wie heißt du? → Wie .... ?

e. Hast du einen Hund, Tim? Haben .... , Herr Bürger?

f. Wer bist du? → Wer .... ?

5. ***Que font-ils ? Pose-leur la question en utilisant la bonne forme de politesse :***

~~einen Apfel essen~~	ein Picknick machen	Tee trinken	ein Lied singen	die Zeitung lesen	ins Restaurant gehen

a.  Herr Turner: Essen Sie einen Apfel, Herr Turner ?

b.  Herr und Frau Rot: ....

c.  Frau Poldi: ....

d.  Herr Müller: ....

e.  Herr und Frau Froh: ....

f.  Frau Klein: ....

6. **Was machen Sie?**
Écoute les phrases et attribue à chacun son métier :

 ☐	 a	 ☐
 ☐	 ☐	 ☐

7. ***Reconnais-tu ces métiers ? À toi de donner le métier au féminin :***
Was macht Herr Kurz? Herr Kurz ist Architekt. → Frau Kurz ist Architek**tin**...

a. der Architekt → die Architektin	*e*. der Ingenieur →	....
b. der Journalist →	*f*. der Pilot →	....
c. der Optiker →	*g*. der Minister →	....
d. der Busfahrer →	*h*. der Lehrer →	....

8. ***Qui – Où – Comment – Que – Quoi .... Quelle est la question correcte ?***
Parfois, tu as plusieurs possibilités !

WER •	• heißt du?	• Ich sage "Guten Tag".
WO •	• machst du?	• Ich wohne in Berlin.
WAS •	• wohnst du?	• Ich heiße Gaby.
WIE •	•sagst du?	• Ich bin Paul.
WAS •	• bist du?	• Ich trinke Milch.

9. ***Politesse ou tutoiement ? Qu'entends-tu ?***

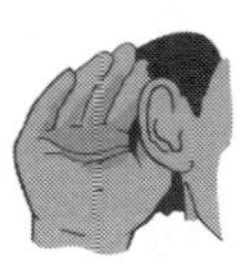

a. politesse ☐ tutoiement ☐ *b*. politesse ☐ tutoiement ☐

c. politesse ☐ tutoiement ☐ *d*. politesse ☐ tutoiement ☐

e. politesse ☐ tutoiement ☐ *f*. politesse ☐ tutoiement ☐

10. **Herr Blau** ***ne comprend plus rien ! Il a coupé les mots et maintenant il ne peut plus les rassembler... Peux-tu l'aider ?***

DEU •	• TU	• **LAND**
OME •	• NUM	• TE
RES •	• PIG	• ÄT
ZEI •	• LET	• NON
MO •	• **TSCH**	• RANT
CHAM •	• ZIALIT	• ENT
SPE •	• TAU	• NG

11. ***Et toi ? Dis-nous quelque chose sur toi !***

Ich wohne in	☐ Deutschland	☐ Frankreich	☐ Italien
Ich bin	☐ Journalist(in)	☐ Soldat(in)	☐ Schüler(in)
Ich habe	☐ einen Hund	☐ eine Katze	☐ einen Hamster
Ich trinke	☐ Tee	☐ Milch	☐ Kakao
Ich mache	☐ Englisch	☐ Deutsch	☐ Italienisch

12. ***Tu vas interviewer un personnage très célèbre ! Les réponses sont déjà là. À toi de trouver des questions !***

Das Interview

Guten Tag.

- Wie .... ?

- Ich heiße Nicolas Sarkozy.

- Wo .... ?

- Ich wohne in Paris.

- Wo .... ?

- Paris ist in Frankreich.

- Wer .... ?

- Ich bin der Präsident von Frankreich!

4. Das Alfabet

Objectifs : connaître
l'alphabet allemand ;
savoir épeler ;
les pronoms personnels (2)

1. ***Écoute l'alphabet et répète les lettres. Attention : la prononciation de certaines lettres change en allemand !***

A a	**B b**	**C c** *[tsé]*	**D d**	**E e** *[é]*	**F f**
G g *[gué]*	**H h** *[ha]* *se prononce toujours*	**I i**	**J j** *[iote]*	**K k**	**L l**
M m	**N n**	**O o**	**P p**	**Q q** *[cou]*	**R r**
S s	**T t**	**U u** *[ou]*	**V v** *[fao]*	**W w** *[vé]*	**X x**
Y y *[upsilone]*	**Z z** *[tsette]*	**Ä ä** *[ai] comme dans "haie"*	**Ö ö** *[oeu]* *comme dans "eux"*	**Ü ü** *[u]* *comme dans "rue"*	**ß** *[esse-tsette]* *"ss"*

2. ***Essaye de déchiffrer le nom de ces personnages :***

a. ER – O – EN – A – EL – DE – O ....

b. EL – A – DE – UPSILONE / GE – A - GE – A ....

c. TE – O – KA – I – O / HA – O – TE – E – EL ....

d. IOTE – O – HA – EN – EN – UPSILONE / DE – E – PE – PE ....

e. KA – I – EN – GUÉ / KA - O – EN – GUÉ ....

3. ***Parle de toi ou de l'un(e) de tes ami(e)s :***

Le verbe "épeler" : buchstabieren

a. Ich heiße : ....

b. Ich buchstabiere : ....

c. Er / Sie heißt : ....

d. Ich buchstabiere : ....

e. Er /Sie wohnt in : ....

f. Ich buchstabiere : ....

4. ***Trouve des noms communs qui commencent par cette lettre :***

a. das **H**.....................   *b.* der **M**.....................   *c.* die **Z**.....................

d. der **J**.....................   *e.* das **K**.....................   *f.* der **A**.....................

g. die **Ä**.....................   *h.* das **B**.....................   *i.* der **L**.....................

j. der **H**.....................   *k.* die **F**rau   *l.* die **E**-.....................

5. ***Quels sont les SEPT verbes qui se cachent ici ? Les mots se lisent de gauche à droite, de haut en bas et en diagonal :***

W	K	S	W	U	X	T
L	O	G	N	S	H	R
J	M	H	A	H	A	I
S	M	G	N	Z	B	N
Y	E	P	Q	E	E	K
N	N	S	E	I	N	E
L	M	A	C	H	E	N

a. kommen **b.** .... **c.** .... **d.** .... **e.** ....

f. .... **g.** ....

6. ***Écoute les mots qu'on va t'épeler et écris-les ci-dessous :***

a. ……………………… *b.* ……………………… *c.* ………………………

d. ……………………… *e.* ……………………… *f.* ………………………

g. ……………………… *h.* ……………………… *i.* ………………………

7. **Herr Blau *ne comprend plus rien ! Il a voulu épeler des mots mais il a oublié de mettre des voyelles !***

a. ___ R C H ___ T ___ K T ***b.*** ___ B ___ N D

c. D ___ ___ T S C H L ___ N D ***d.*** P ___ L ___ T

e. S ___ L ___ T ***f.*** ___ N G ___ N ___ ___ ___ R

g. H ___ N D Y ***h.*** C ___ M P ___ T ___ R

i. H ___ ___ S ***j.*** K ___ N D ___ R ***k.*** M ___ S ___ K

8. ***Écoute le texte et inscris le mot qui manque :***

Hallo. Ich ……………….. Felix Vogler.
Ich buchstabiere: _ _ _ _ _ _ . Ich bin ……………….. und ich arbeite für eine ……………….. . Sie ……………….. : Kölner Morgenpost. Ich ……………….. in Köln. Köln ist in ……………….. . Ich habe eine ……………….. . Sie heißt ……………….. . Sie ist ……………….. . Ich habe auch einen ……………….. . Oh, ich habe eine ……………….. von Sabine! ……………….. schreibt Sabine?

arbeiten : *travailler* • für : *pour* • schreiben : *écrire*

9. *Quel est le pronom personnel correct ? Entoure la bonne réponse :*

Les pronoms personnels
masculin : **der Bus → er**
féminin : **die Sonne → sie**
neutre : **das Haus → es**
pluriel : **die Kinder → sie**

a. **Das Baby** ist klein.
er – sie – es – sie *(pl)* → **Es** ist klein.

b. Die Katze trinkt Milch.
er – sie – es – sie *(pl)*

c. Der Bus ist blau.
er – sie – es – sie *(pl)*

d. Die Polizistin wohnt in Berlin.
er – sie – es – sie *(pl)*

e. Der Arzt heißt Neumeier.
er – sie – es – sie *(pl)*

f. Das Haus ist in München.
er – sie – es – sie *(pl)*

g. Der Hund heißt Bello.
er – sie – es – sie *(pl)*

h. Die Kinder spielen mit Bello.
er – sie – es – sie *(pl)*

i. Die Sonne ist rot.
er – sie – es – sie *(pl)*

10. ***Quelle est la bonne réponse ?***

a. Wie heißt der Hund?	Es ist in Paris.
b. Was macht die Katze?	Er ist Kommissar Derrick.
c. Wer ist der Polizist?	Sie hat ein Handy.
d. Was machen die Kinder?	Er heißt Rex.
e. Wo ist das Restaurant?	Er hat eine Maus.
f. Was hat Frau Körner?	Sie machen Musik.
g. Was hat der Computer?	Sie trinkt Milch.

11. ***De quel mot s'agit-il ?***

a. Sie heißt Pussy und sie macht "miau"...	die K □ T □ □
b. Sie gehen in die Schule.	die □ □ □ D □ □
c. Er ist ein Mercedes.	der □ □ G □ □
d. Sie hat Medikamente.	die Ä □ □ □ □ □
e. Er heißt Sarkozy.	der □ □ Ä □ □ D □ □ □
f. Sie sagt "Guten Morgen, Kinder".	die L □ □ □ □ R □ □

5. Wie alt bist du? (1)

Objectifs : les chiffres ; compter de 1 à 100 ; dire son âge ; lire les prix ; comprendre et donner l'heure (1)

1. *Écoute et répète les chiffres de 0 à 19 :*

0	null	10	zehn
1	eins	11	elf
2	zwei	12	zwölf
3	drei	13	dreizehn
4	vier	14	vierzehn
5	fünf	15	fünfzehn
6	sechs	16	sechzehn
7	sieben	17	siebzehn
8	acht	18	achtzehn
9	neun	19	neunzehn

2. *Relie les chiffres aux mots :*

a. 

zehn

b. 

elf

c. 
sechzehn

d. 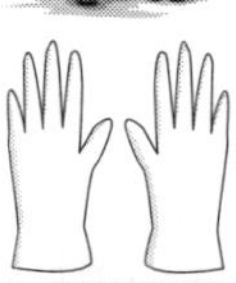
fünf

e. 

acht

f. 

zwölf

g. 

drei

h. 

vierzehn

i. 

neun

j. 

dreizehn

3. ***Combien sont-ils ? Écris le nombre en lettres :***

a. Schneewittchen und die .... Zwerge. *Ils ont accompagné Blanche Neige.*

b. Die .... Gebote. *Selon la Bible, c'est Moïse qui les a reçus.*

c. Die .... kleinen Schweinchen.

Connais-tu l'histoire des petits cochons ?

d. Die .... Weltwunder.

Les pyramides font partie de ces merveilles du monde !

4. **Wie viel sind... ?** – *Combien font... ?*
Écoute les opérations et entoure la somme correcte :

a. dreizehn / vierzehn / fünfzehn
b. achtzehn / siebzehn / neunzehn
c. acht / zwölf / elf
d. dreizehn / zehn / elf
e. dreizehn / vierzehn / fünfzehn
f. elf / zwölf / zehn
g. sechzehn / neunzehn / elf
h. sieben / siebzehn / achtzehn

5. **Wie alt bist du?** ***Tu as plusieurs possibilités !***

a. Wie alt	sind	Thomas?
b. Marie	seid	13.
c. Lukas und Tim	bin	14 Jahre alt.
d. Wie alt	ist	du?
e. Ich	ist	25.
f. Wie alt	bist	ihr?

Wie alt bist du?
Quel âge as-tu ?
En allemand, on utilise le verbe "être" pour dire son âge.
J'ai 15 ans.
Ich <u>bin</u> 15 (Jahre alt).

6. **Wie viel ?** - ***Écris les nombres en toutes lettres :***

a. Wie viel Fußballspieler spielen in einer Mannschaft? ....
Combien de joueurs de foot jouent dans une équipe ?

b.Wie viel Personen stehen auf einem Podium? ....
Combien de personnes se trouvent sur un podium ?

c. Wie viel Bundesländer hat Deutschland? ....
De combien de "Länder" (états/ départements) est composée l'Allemagne ?

7. ***Voici la suite. À toi de compléter les chiffres !***

20	zwanzig	30	dreißig
21	einundzwanzig	31	einunddreißig
22	zweiundzwanzig	32	zweiunddreißig
23	dreiundzwanzig	33	dreiund..............
24	vierund..............	34	vierund..............
25	fünfund..............	35	..............unddreißig
26	..............undzwanzig	36	sechs.......................
27	..............undzwanzig	37	....
28	....	38	achtund..............
29	neunundzwanzig	39	neununddreißig

8. ***Marque le chiffre correspondant :***

der Tag (e) : *le jour*
die Woche (n) : *la semaine*
das Jahr (e) : *l'année*

a. Der Tag hat .... Stunden.

b. Die Woche hat .... Tage.

c. Ein Monat hat .... Wochen.

d. Das Jahr hat .... Wochen.

e. Der Mai hat .... Tage.

f. Zwei Wochen sind .... Tage.

14 **4** **52** **31** **7** **24**

Et maintenant jusqu'à 100 !

40	vierzig	70	siebzig
50	fünfzig	80	achtzig
60	sechzig	90	neunzig

100 : hundert *ou* einhundert

9. **Meine Telefonnummer ist …** ***mon numéro de téléphone est …***
Inscris le numéro en chiffres selon l'exemple :

a. Meine Telefonnummer ist:
null neun – achtundsiebzig – vierundneunzig – fünfundfünfzig – zehn
→ 09. 78. 94. 55. 10

b. Sven wohnt in Berlin. Die Telefonnummer ist:
null – null – neunundvierzig für Deutschland und
achtundsechzig – null neun – fünfundvierzig – siebzehn
→ ____ . ____ / ____ . ____ . ____ . ____ . ____

c. Tatjana hat ein Handy. Die Handynummer ist:
null sechs – fünfundsechzig – sechsundsiebzig – dreiundzwanzig – neununddreißig
→ ____ . ____ . ____ . ____ . ____

die SMS : *le SMS*
schicken : *envoyer*

d. Du schickst Tom eine SMS. Die Nummer ist:
dreiundfünfzig – vierundsechzig – achtundneunzig – zwölf
→ ____ . ____ . ____ . ____

10. **Die Autobahn in Deutschland – Wie viel Kilometer?**
Relie les villes et fais des phrases :

a. Von Hamburg nach München sind es 760 km.

a. Hamburg – München •	• 311 km
b. Berlin – Frankfurt •	• 629 km
c. Köln – Düsseldorf •	• 730km
d. Dresden – Nürnberg •	• 41 km
e. Stuttgart – Bremen •	• 550 km
f. Hannover – Berlin •	• 1059 km
g. Paris – Berlin •	• 760 km
h. Potsdam – Straßburg •	• 291 km

die Autobahn : *l'autoroute* wie viel : *combien*
der Kilometer (-) : le kilomètre

5. Wie alt bist du? (2)

kosten = *coûter*

1. **Wie viel kostet es? - *Combien ça coûte ? Marque le prix en chiffres !***

a. die Milch	ein Euro fünfundzwanzig	→ Die Milch kostet 1,25 €.

b. das Brot	dreiundneunzig Cents	....

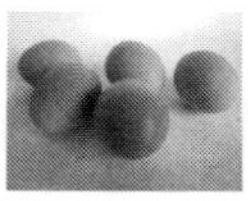

c. die Eier	ein Euro achtundachtzig	....

d. das Hähnchen	vier Euro sechsundzwanzig	....

e. die Bonbons	siebenundsechzig Cents	....

f. der Kaffee	zwei Euro fünfunddreißig	....

2. ***Que fait Tim à huit heures ?* Was macht Tim um acht Uhr?**
Relie les éléments qui vont ensemble :

a. Es ist acht Uhr dreißig, •	• Papa kommt nach Hause.
b. Um neunzehn Uhr •	• die Kinder die Hausaufgaben.
c. Frau Ruth •	• um zehn Uhr dreißig Pause.
d. Um fünfzehn Uhr machen •	• Tim mit Alex.
e. Um einundzwanzig Uhr •	• machen Mama und Papa das Abendessen.
f. Es ist siebzehn Uhr dreißig; •	• macht um zwölf Uhr das Mittagessen.
g. Um achtzehn Uhr telefoniert •	• Tim geht in die Schule.
h. Die Schüler machen •	• geht Tim ins Bett.

3. ***Une longue journée, ça se planifie ! Indique le moment auquel tu veux faire ces différentes choses. Attention à la position du verbe !***

- mit Papa telefonieren
- zu Mittag essen
- ins Bett gehen
- einen Hamburger essen
- Axel eine E-Mail schicken
- ~~Pause machen und einen Apfel essen~~
- in das Fitness-Center gehen
- in die Schule gehen

	Um 8.30 Uhr…	
	Um 10 Uhr…	mache ich eine Pause und esse einen Apfel.
	Um 12.30 Uhr…	
	Um 15 Uhr…	
	Um 17 Uhr…	
	Um 17.30 Uhr…	
	Um 18.30…	
	Um 21 Uhr…	

6. Nimm das Buch!

Objectifs : l'impératif au singulier et au pluriel ; les verbes irréguliers au présent

Un verbe irrégulier « prendre »

nehmen

ich nehm/ e
du nimm/ st
er nimm/ t
wir nehm/ en
ihr nehmt/ t
sie nehm/ en

1. *Quelle est la bonne forme du verbe* "nehmen" *?*

a. Tobias .... das Buch.

b. .... ihr das Auto?

c. Ich .... ein Schokoladeneis.

d. Die Kinder .... die Karte.

e. .... du auch ein Eis?

f. Wir .... eine Pizza!

nehmen — nimmt — nehmt — nimmst — nehmen — nehme

Les verbes irréguliers changent leur radical uniquement à la 2e et 3e personne du singulier.

Voici quelques exemples :

essen *(manger)* : du isst / er isst
geben *(donner)* : du gibst / er gibt (es gibt = *il y a*)
lesen *(lire)* : du liest / er liest
sehen *(voir)* : du siehst / er sieht
sprechen *(parler)* : du sprichst / er spricht

fahren *(rouler)* : du fährst / er fährt
fangen *(attraper)* : du fängst / er fängt
schlafen *(dormir)* : du schläfst / er schläft
tragen *(porter)* : du trägst / er trägt
treffen *(rencontrer)* : du triffst / er trifft

2. *Quel est le verbe que tu entends ?*

a.	du isst	du sprichst
b.	er schläft	er fährt
c.	sie liest	sie sieht

d.	du fängst	du fährst
e.	es gibt	es trifft
f.	sie trägt	sie fängt

3. ***Qui fait quoi ? Trouve le verbe et mets-le à la bonne forme :***

tragen – ~~essen~~ – fahren – fangen – lesen – sprechen - treffen – sehen - schlafen

a. Um 14 Uhr (essen) isst Paul eine Banane.

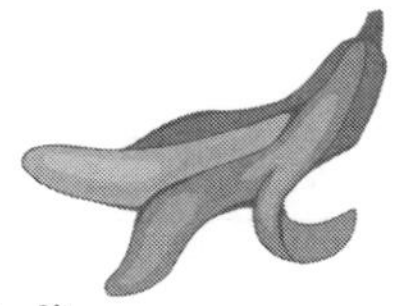

b. .... du ein Harry Potter Buch?

c. Thomas .... am Morgen bis *(jusqu'à)* 10 Uhr!

d. .... du die Lehrerin?

e. .... du eine Brille *(les lunettes)*?

f. Nathalie .... mit Oliver und Axel.

g. Die Katze .... eine Maus.

h. Der Vater .... einen Porsche.

i. Herr Müller .... Frau Schneider.

4. ***Allons en cours d'allemand. Mais faisons le travail à l'envers ! À toi de trouver les mots en français :***

✓

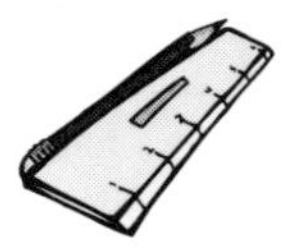

a. die Tafel	*le t __ b __ e __ u*
b. die Schultasche	*le __ a r __ a b __ e*
c. der Füller	*le s __ y __ o p l __ m e*
d. der Bleistift	*le c __ a __ o n*
e. ~~das Mäppchen~~	*la t r o u s s e*
f. der Radiergummi	*la g __ m m __*
g. das Lineal	*la __ è g __ e*
h. die Aufgaben	*les d __ v __ i r __*
i. die Klasse	*la c __ a s __ e*

5. ***Dis-leur ce qu'ils doivent faire.***

(sagen) "Guten Tag" → **Sagt** "Guten Tag"!

a. (gehen) in die Klasse

→ ....!

b. (schreiben) eine E-Mail

→ ....!

c. (nehmen) die Bücher

→ ....!

d. (trinken) die Milch

→ ....!

e. (machen) die Aufgaben

→ ....!

Pour l'impératif au pluriel on utilise la 2e personne du pluriel – sans le pronom (comme en français !) :

Vous allez à l'école.
Allez à l'école !

Ihr geht in die Schule.
Geht in die Schule!

6. ***Écoute les ordres – qu'est-ce qui correspond ?***

[a] 

☐ 5 

☐ 9 

☐ 2 

☐ 6 

☐ 10 

☐ 3 

☐ 7 

☐ 11 

☐ 4 

☐ 8 

☐ 12 

7. ***Combine les éléments qui vont ensemble :***

a. Geht •	• das Mäppchen !
b. Seht •	• Brokkoli und Karotten !
c. Kommt •	• die Hausaufgaben !
d. Schickt •	• morgen um 15 Uhr !
e. Esst •	• in das Theater !
f. Macht •	• einen Film im Kino !
g. Nehmt •	• Anne eine E-Mail !

8. ***Mets les phrases à l'impératif :***

Pour donner un ordre à une seule personne, on utilise la deuxième personne du singulier et on supprime la terminaison "-st":
tu vas → du geh~~st~~ → geh!

Comme pour toute règle, il y a des exceptions...

ⓘ

Il n'y a pas de "Umlaut" à l'impératif au singulier !
du fährst → fahr!

Maria, (geben) .... das Buch !
Maria, *gib* das Buch!

a. Thomas, (nehmen) .... das Lineal!

b. Luca, (gehen) .... an die Tafel!

c. Max, (kommen) .... um 11 Uhr!

d. Lisa, (lesen) .... den Stundenplan!

e. David, (tragen) .... die Schultasche!

f. Michelle, (singen) .... ein Lied!

g. Pussy, (fangen) .... die Maus!

9. ***Aux autres de faire quelque chose pour toi ! Donne des ordres en te servant des phrases ci-dessous :***

a. Tu veux qu'un ami t'envoie un email : *Schick eine E-Mail !*

b. Tu veux que Felix te donne la règle : .... !

c. Tu veux que tes amis viennent demain : .... !

d. Tu veux que ta mère te lise un livre : .... !

e. Tu veux que tes amis fassent les devoirs : .... !

f. Tu veux que ton père prenne la voiture : .... !

g. Tu veux que ta sœur mange la banane : .... !

h. Tu veux que les autres écrivent une carte : .... !

das Lineal geben	das Auto nehmen	die Aufgaben machen	~~eine E-Mail schicken~~
eine Karte schreiben	ein Buch lesen	die Banane essen	morgen kommen

7. Ich dusche mich

Objectifs : l'emplacement du verbe conjugué dans la phrase ; les verbes pronominaux ; les jours de la semaine

Voici les jours de la semaine :

Montag	Dienstag	Mittwoch	Donnerstag	Freitag	Samstag	Sonntag

1. ***De quel jour s'agit-il ?***

a. Am .... geht Luka ins Kino.

b. Am .... sehe ich meine Tante.

c. Am .... schlafe ich bis 11 Uhr! *(jusqu'à)*

d. Am .... habe ich Schule.

e. Am .... gehen wir ins Theater.

f. Am .... machen Marianne und Sylvia eine Party.

***Les jours de la semaine sont généralement précédés de* am.**

(le) mardi
<u>am</u> Dienstag

2. ***Que fait la famille Bauer en semaine ?***

Hier ist die Familie Bauer. Herr Bauer, Frau Bauer und die Kinder Tom und Lea Bauer.

Cherche les verbes qui correspondent à chaque activité.
L'emplacement est déjà donné : le verbe conjugué se trouve en 2e position !

a. Am Montag		Tom Bauer	in die Schule.
b. Frau Bauer		Lea Bauer	das Auto.
c. Am Mittwoch		am Dienstag	ins Kino
***d*. Die Eltern**	**machen**	die Familie	Fahrrad.
e. Am Freitag		die Kinder	**eine Party.**
f. Herr Bauer		**am Donnerstag**	bis 9 Uhr.
g. Am Sonntag		am Samstag	Tennis.

geht

~~machen~~

wäscht

gehen

spielt

fährt

schläft

le verbe *laver*
<u>waschen</u>
ich wasche
du wäschst
er wäscht
wir waschen
ihr wascht
sie waschen

die Eltern : *les parents*
das Fahrrad : *le vélo*
Fahrrad fahren : faire du vélo
die Party : *la soirée ; la fête*

3. ***Vrai ou faux ?*** **Richtig oder falsch?**
Quelles sont les affirmations justes et celles qui sont fausses ?

Sers-toi du vocabulaire à droite.
Ensuite, décide quelle affirmation est correcte et laquelle ne l'est pas !

heute : *aujourd'hui*
morgen : *demain*
übermorgen : *après-demain*
morgens : *le matin (adverbe)*
mittags : *à midi*
abends : *le soir (adverbe)*
nachts : *la nuit (adverbe)*
sonntags : *le dimanche (adverbe)*

	richtig 	falsch 
a. Mittags geht Papa in die Kantine.	X	
b. Morgens essen wir um 18 Uhr.		
c. Morgen ist Sonntag und übermorgen ist Samstag!		
d. Nachts schlafe ich.		
e. Heute ist Samstag und morgen ist Sonntag.		
f. Abends trinke ich Kakao und esse Brot mit Konfitüre.		
g. Morgen ist Mittwoch und heute ist Donnerstag.		
h. Sonntags mache ich die Aufgaben für die Schule.		

4. **Herr Blau** ***mélange tout ! Peux-tu l'aider à mettre un peu d'ordre ?***
Associe carrés et bulles :

trinke ich Kaffee

d. Mittags

gehe ich in das Bett

b. Abends

e. Sonntags

c. Morgens

a. Montags

schlafe ich

gehe ich in die Schule

esse ich mit Mama

5. ***Quel est le pronom qui convient ?***

a. Marianne kämmt sich abends die Haare.

b. Der Eiffelturm befindet .... in Paris.

c. Hier ist ein Stuhl. Setz .... !

d. Ludo verliebt .... in Sabine.

e. Wir duschen .... morgens.

f. Morgen sind Ferien. Freut ihr .... ?

g. Die Kinder legen .... in das Bett.

h. Ich frage .... : Wo ist die Katze?

Les verbes pronominaux "se peigner"

sich kämmen

ich kämme mich
du kämmst dich
er kämmt sich
wir kämmen uns
ihr kämmt euch
sie kämmen sich

mich	~~sich~~	dich	sich	uns	sich	euch	sich

die Haare : *les cheveux*
der Stuhl : *la chaise*
die Ferien : *les vacances*
sich duschen : *se doucher*
sich legen : *s'allonger*
sich befinden : *se trouver*
sich setzen : *s'asseoir*
sich verlieben : *tomber amoureux*
sich freuen auf : *se réjouir de*
sich freuen : *être content*

6. ***Quelle est la bonne combinaison ? Parfois tu as plusieurs possibilités :***

a. Die Kinder	ihr	sich	in das Auto.
b. Anne	lege	mich	in Deutschland.
c. Duschst	verlieben	sich	ins Bett.
d. **Die Lorelei**	befindet	**sich**	**die Haare.**
e. Ich	**kämmt**	sich	heute?
f. Wascht	setzen	dich	morgens?
g. Wir	du	uns	auf die Schule.
h. Berlin	freut	euch	in die Lehrerin.

7. ***Quel est le verbe que tu entends ? Les voilà ... mais épelés dans le désordre !***

a. Das Brandenburger Tor .... sich in Berlin.

b. Ich .... mich auf die Schule.

c. Heute .... wir uns ins Bett.

d. Morgens .... sich meine Mutter.

e. Die Kinder .... sich am Samstag.

negel | mämkt | neudhcs | t fenebd | eufer

8. ***Qui fait quoi ? Voici des affirmations. À toi de réécrire les phrases en commençant par l'élément en gras. Bien sûr, le verbe conjugué restera toujours en 2e position :***

a.  Ich wasche mich **morgens**. **Morgens** wasche ich mich.

b.  Mein Vater rasiert sich **um 7 Uhr**. ....

c.  Ich dusche mich **abends**. ....

d.  Meine Mutter kämmt sich **morgens**. ....

e.  Beatrix freut sich **heute**. ....

f.  Ich setze mich **jetzt** *(maintenant)*. ....

9. ***Que fais-tu chaque jour ? Choisis un élément dans liste, fais une phrase et marque-la dans ton planning de la semaine :***

Montag	Dienstag	Mittwoch	Donnerstag	Freitag	Samstag	Sonntag
				~~Ich gehe ins Kino~~		

~~ins Kino gehen~~	bis 10 Uhr schlafen	sich duschen	Fahrrad fahren
Vincent sehen	die Aufgaben machen	sich auf Sonntag freuen	in die Schule gehen
eine Party machen	zu McDonalds gehen	Zeitung lesen	für die Schule arbeiten

8. Macht das Licht an!

Objectifs : les verbes à particules séparables ; le démonstratif ; les adjectifs attributs

Das Licht ist **an**

Das Licht ist **aus**

das Licht : *la lumière*
an sein : *être allumé*
aus sein : *être éteint*

1. ***Allumé ou éteint ? Écoute les phrases et coche dans la colonne si l'objet en question est allumé ou éteint :***

		an	**aus**
a. Der Computer ist...			**x**
b. Der Fernseher ist ...			
c. Das Radio ist...			
d. Das Handy ist	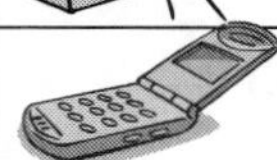		
e. Die Lampe ist ...			
f. Die Kaffeemaschine ist ...			
g. Der Laptop ist ...			

2. ***Ouvert***  ***ou fermé ?*** 

auf sein : *être ouvert*
zu sein : *être fermé*
die Bank : *la banque*
das Fenster : *la fenêtre*
die Post : *le bureau de poste*

a. Le livre est fermé : Das Buch ist zu.

b. La fenêtre est ouverte : ....

c. La porte est fermée : ....

d. Le supermarché est fermé : ....

e. Le bureau de poste est ouvert : ....

Les verbes à particules séparables se "détachent" ! La particule se place à la fin de la phrase ou de la proposition : **zu**/machen → Ich mache das Buch **zu**.

Voici quelques exemples de verbes "à particules séparables" :

auf/machen : *ouvrir*
ein/kaufen : *faire des courses*
an/machen : *allumer*
an/fangen : *commencer*
auf/stehen : *se lever*
aus/gehen : *sortir (pour se divertir)*
aus/machen : *éteindre*
an/rufen : *appeler qn. au téléphone*
mit/kommen : *"venir avec" (quelqu'un) ; accompagner*

3. ***Construis des phrases d'après l'exemple donné :***

a. Michael – das Buch – zu/machen : Michael macht das Buch zu.
b. Frau Müller – heute – ein/kaufen : ....
c. Ich – das Licht – aus/machen : ....
d. Herr Schweiger – um 7 Uhr – auf/stehen : ....
e. Elke und Martina – am Samstag – aus/gehen : ....
f. Der Film – um 20.30 Uhr – an/fangen : ....

4. ***Quels sont les éléments qui vont ensemble ?***

a. Der Junge macht das Radio •	• auf
b. Die Lehrerin macht das Buch •	• mit
c. Die Mutter kauft am Freitag •	• aus
d. Am Sonntag stehe ich um 9 Uhr •	• an
e. Du gehst ins Theater? Ich komme •	• ein
f. Heute gibt es eine Party. Wir gehen •	• zu
g. Ich rufe am Sonntag Christopher •	• an

5. ***Donne l'ordre !***

a. Tu veux que tes amis allument (la lumière) :
→ Macht das Licht an! ....→ Macht
b. Tu veux que ton copain vienne (avec toi) :
→ .... mit!
c. Ta mère veut que tu fasses les courses aujourd'hui :
→ .... heute ein!
d. Tu veux que Thomas et Leo appellent Axel :
→ .... Axel an!
e. Tu veux que ton frère se lève maintenant :
→ .... jetzt auf!
f. Tu veux que ta sœur allume l'ordinateur :
→ .... den Computer an!

Macht · Ruft · Mach · Steh · Komm · Kauf

6. ***Regarde les nouveaux verbes et utilise-les ensuite dans les phrases ci-dessous :***

sich aus/ruhen *se reposer* 	Es ist Sonntag. Ich ruhe mich aus. *C'est dimanche...*
sich vor/bereiten *se préparer* 	Es ist 8 Uhr. Papa bereitet sich für die Arbeit vor. *Il est 8 heures...*
sich an/ziehen *s'habiller* 	Es ist kalt. Anna zieht sich an. *Il fait froid...*
sich aus/ziehen *se déshabiller* 	Es ist heiß. Wir ziehen uns aus. *Il fait chaud...*

a. Montag: Es ist 7.30 Uhr. Ich .... mich für die Schule ....

b. Dezember: Es ist sehr kalt. Du .... dich ....

c. Juli: Die Kinder haben Ferien. Sie .... sich ....

d. August: Es ist sehr heiß. Wir .... uns ....

e. Es ist 7.30 Uhr: Der Architekt .... sich für das Büro ....

f. Siesta: Ich .... mich ....

g. Hier ist die Jeans und der Pullover. .... dich .... !

7. ***Écoute les phrases et coche la bonne particule du verbe :***

a. an ☐ aus ☐ ein ☐

b. aus ☐ auf ☐ an ☐

c. aus ☐ vor ☐ mit ☐

d. ein ☐ an ☐ vor ☐

e. aus ☐ vor ☐ ein ☐

f. mit ☐ an ☐ aus ☐

g. vor ☐ mit ☐ an ☐

h. an ☐ aus ☐ auf ☐

8. ***Que font-ils dans ces situations ?***

a. Lisa a terminé son livre. •	• Du ruhst dich aus.
b. Paul vient de sortir de la douche. •	• Er ruft die Tante an.
c. Les enfants prennent les cartables. •	• Sie kauft ein.
d. Kevin veut dire bonjour à sa tante. •	• Wir gehen aus.
e. Tu as beaucoup travaillé. •	• Sie bereiten sich für die Schule vor.
f. Madame Loup va au marché. •	• Sie macht das Buch zu.
g. Il y a une soirée ! Vous sortez. •	• Er zieht sich an.

9. ***Remplace l'article défini par le démonstratif :***

le garçon 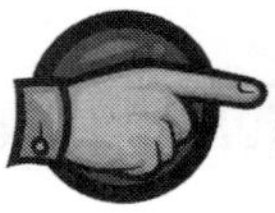 ***ce** garçon* / der Junge  **dieser** Junge

Le démonstratif

der Junge *(le garçon)* → **dieser Junge** → ***ce garçon***
die Katze *(le chat)* → **diese Kate** → ***ce chat***
das Haus *(la maison)* → **dieses Haus** → ***cette maison***
die Kinder *(les enfants)* → **diese Kinder** → ***ces enfants***

a. Wer ruht sich aus? → Dieser Junge ruht sich aus.
b. Wer zieht sich an? → .... Mädchen zieht sich an.
c. Wer bereitet sich vor? → .... Lehrerin bereitet sich vor.
d. Wer macht das Licht aus? → .... Mann macht das Licht aus.

10. ***Complète le démonstratif et cherche l'adjectif qui convient :***

a.  Dies........ Tomate ist ________________
b.  Dies........ Baby ist ________________
c.  Dies........ Kaffee ist ________________
d.  Dies........ Eis ist ________________
e.  Dies e Katze ist glücklich
f.  Dies........ Wagen ist ________________
g.  Dies........ Bananen sind ________________

kalt *(froid)*
modern *(moderne)*
gelb *(jaune)*
rot *(rouge)*
heiß *(chaud)*
~~glücklich~~ *(heureux)*
klein *(petit)*

11. ***Quel adjectif est le bon ?***

a. Die Tomaten sind ☐ modern ☐ rot ☐ glücklich .
b. Die Sonne ist ☐ gelb ☐ modern ☐ klein .
c. Die Pyramiden sind ☐ klein ☐ rot ☐ groß .
d. Der Computer ist ☐ modern ☐ gelb ☐ sauer .
e. Die Zitrone ist ☐ rot ☐ sauer ☐ modern .

9. Ich war in Berlin!

Objectifs : le prétérit du verbe sein ; les directionnels in et nach ; écrire une carte postale

Le verbe "sein" au prétérit

ich war
du warst
er war
wir waren
ihr wart
sie waren

1. ***Donne la bonne forme du verbe "sein" au prétérit :***

a. Ich .... in Berlin.
b. Wo .... du gestern?
c. .... ihr gestern bei Michael?
d. Herr Sturm .... in China.
e. Wo .... ihr im August?
f. Im August .... wir in Korsika.
g. Die Ferien .... sehr kurz!
h. Das Wetter .... sehr schlecht.
i. Der Film .... sehr interessant.

gestern : *hier*
im August : *en août*
kurz : *court*
das Wetter : *la météo*
China : *la Chine*
Korsika : *la Corse*
die Ferien : *les vacances*
schlecht : *mauvais*

2. ***Relie les éléments qui vont ensemble :***

a. Charles de Gaulle 	waren	1969 auf dem Mond. *(sur la lune)* 
b. **Die Fußball-Weltmeisterschaft**	war	im Juli 1789.
c. Die amerikanischen Astronauten 	**war**	in Versailles.
d. Die französische Revolution	waren	**2010 in Südafrika.** 
e. Die Könige von Frankreich 	war	Präsident von Frankreich.
f. Die Olympischen Spiele 	waren	ein Sänger. *(chanteur)* 
g. Michael Jackson	war	2008 in Peking.

ex : b. Die Fußball-Weltmeisterschaft war 2010 in Südafrika.

3. **IN *ou* NACH ?**
Quelle est la suite logique de la phrase entamée ? Parfois tu as plusieurs possibilités !

in → *J'y suis*
Ich bin **in** Berlin.
Ich bin **in** Italien.

nach → *J'y vais*
Ich gehe **nach** Berlin.
Ich gehe **nach** Italien.

a. Familie Gässer wohnt...
b. Die Kinder fahren morgen...
c. Am Samstag war ich...
d. Dieser Zug fährt...
e. Der Eiffelturm ist...
f. Tobias und Heidi waren...
g. Rom ist...
h. Mein Vater fährt...

in Hamburg
nach Luxemburg
nach Spanien
in Italien
in Paris
in New York
nach Frankfurt
in London

4. **IN *ou* NACH ? *La classe de Marc fait un voyage à Berlin.***

a. Die Klasse fährt morgen .... Berlin.
b. Berlin ist .... Deutschland.
c. Am Montag gehen die Kinder .... das Ägyptische Museum.
d. Am Dienstag machen sie einen Ausflug. Sie fahren .... Potsdam.
e. Potsdam ist eine Stadt bei Berlin. .... Potsdam ist das Schloss *Sanssouci*.
f. Am Abend gehen sie .... die Innenstadt *(le centre ville)* und essen eine Currywurst mit Pommes.
g. Am Donnerstag fahren die Kinder .... Paris zurück.

der Ausflug : *l'excursion*
die Pommes : *les frites*
die Currywurst : *(voir l'article)*
das Schloss : *le château*
zurück/fahren : *rentrer*

Currywurst mit oder ohne Pommes!"
Le "plat" berlinois par excellence !

Il s'agit d'une saucisse grillée, nappée d'une sauce tomate épicée au curry servie avec des frites ou non. C'est tout ! Les Berlinois en rafolent. Elle s'achète dans des kiosques dans la rue et on la mange à toute heure de la journée. Pas besoin de s'asseoir : la Currywurst *se mange debout !*

5. ***Tu visites l'Allemagne. Qu'est-ce que tu fais dans quelle ville ?***

Frankfurt	in den Zoo gehen *(aller au zoo)* 	Flugzeuge fotografieren *(prendre des photos des avions)* 
Hamburg	den Hafen besichtigen *(visiter le port)* 	die Schiffe fotografieren *(prendre des photos des bateaux)* 
München	ein Spiel mit "Bayern München" sehen *(voir un match avec le Bayern de Munich)* 	in den *Englischen Garten* gehen *(aller au Jardin Anglais)* 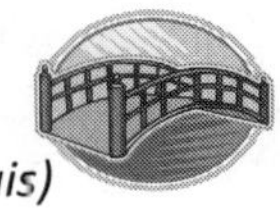
Berlin	in das *Ägyptische Museum* gehen *(aller au Musée Égyptien)* 	das Brandenburger Tor sehen *(voir la Porte de Brandenbourg)* 
Köln	den Kölner Dom besichtigen *(visiter la Cathédrale de Cologne)* 	"Kölnisch Wasser" kaufen *(acheter de l'Eau de Cologne)* 

a. In Frankfurt gehe ich in den Zoo und ich fotografiere Flugzeuge.

b. In Hamburg .... ich den Hafen und ich .... die Schiffe.

c. In München sehe ich ein Spiel mit ".." und ich

....

d. In Berlin gehe ich in das .... und ich

....

das Brandenburger Tor.

e. .... besichtige ich den Kölner Dom und ich

.... "Kölnisch Wasser".

6. ***Que fait Nils pendant son séjour à Berlin ? Une seule réponse logique possible !***

***a.* Nils fotografiert**	:	~~die Giraffe~~	~~das Buch~~	das Brandnburger Tor ✓
***b.* Nils besichtigt**	:	das Museum	die Banane	den Wagen
***c.* Nils geht**	:	nach China	nach Italien	nach Potsdam
***d.* Nils isst**	:	eine Currywurst	ein Auto	eine Pizzeria
***e.* Nils besichtigt**	:	das Restaurant	die Pizzeria	das Schloss Sanssouci
***f.* Nils fotografiert**	:	die Mauer *(le mur)*	die Tomate	die Ferien

7. Jan est en vacances. Écoute bien ce qu'il écrit à ses parents :

a. Jan ist in
- ☐ Italien
- ☐ Frankreich
- ☐ Spanien

b. Das Hotel ist
- ☐ schlecht
- ☐ groß
- ☐ modern

c. Gestern war Jan
- ☐ in Neapel
- ☐ in Pisa
- ☐ in Florenz

d. Am Samstag geht Jan
- ☐ ins Kino
- ☐ ins Theater
- ☐ in die Disco

e. Jan isst viel
- ☐ Spaghetti
- ☐ Pizza
- ☐ Eis

f. Das Wetter ist
- ☐ schlecht
- ☐ schön
- ☐ super

das Eis : *la glace*   das Wetter ist schön : *il fait beau*

8. ***Tu passes quelques jours à Berlin. Aujourd'hui tu écris une carte à ton ami allemand Oliver qui habite à Munich. Pour t'aider, sers-toi des adjectifs dans le carré ! Tu lui diras :***

- ***comment tu trouves la ville***
- ***comment est ton hôtel***
- ***quel temps il fait***
- ***que tu étais hier à Potsdam***
- ***que tu vas au musée dimanche***
- ***que tu vas prendre aussi*** (auch) ***des photos du Mur de Berlin***
- ***que tu vas manger une "Currywurst" aujourd'hui***

groß : *grand*   schlecht : *mauvais*
klein : *petit*   gut : *bon, bien*
toll : *chouette*   heiß : *chaud*
kalt : *froid*   modern : *moderne*
langweilig : *ennuyeux*

Hallo Oliver !

Berlin ist super ! ....
....
....
....
....
....
....
Alles Gute ,

Herrn
Oliver Berg
Olympiastraße 5
95220 München

10. Ich will Pommes!

Objectifs : verbes de modalité wollen et "möchten"; *l'accusatif (1); "aimer bien"*

1. ***Qu'achètes-tu ?* - Was kaufst du?**

a. Günter kauft einen Hamburger.

b. Die Kinder essen d......... Banane.

c. Ich habe ein......... Computer.

d. Die Eltern kaufen ein......... Hund!

e. Wir nehmen d......... Buch.

f. Hast du ein......... Fahrrad?

g. Ihr esst immer .... Pommes!

h. Nimmst du ein......... Limo?

L'accusatif

L'accusatif correspond au COD en français.

Nominatif :
der – die – das – die
ein – eine – ein – *rien**

Accusatif :
den – die –das – die
einen – eine – ein – *rien**

**** l'article indéfini "des" n'existe pas en allemand !***

2. ***Que veulent-ils ? Voici des phrases entamées. Trouve l'infinitif qui va avec :***

a. Betty will einen Salat ...

b. Rainer und Thomy wollen eine Cola ...

c. Ich habe drei Euro. Ich will ein Sandwich ... .

d. Wollt ihr in das Café ... ?

e. Wir kaufen Käse und Salami. Wir wollen eine Pizza ... .

f. Willst du einen Kuchen *(gâteau)* für deine Mutter ... ?

gehen *aller*

kaufen *acheter*

trinken *boire*

backen *cuire au four*

essen *manger*

machen *faire*

Le verbe "vouloir"
wollen
ich will – du willst – er will
wir wollen – ihr wollt – sie wollen

L'infinitif se trouve à la fin de la phrase :
Je veux ***aller*** *au café.*
Ich will in das (ins) Café **gehen**.

3. ***Voudriez-vous manger une omelette, Madame ?***
À toi de combiner des questions – parfois il y a plusieurs possibilités :

> *Pour dire "je veux" plus poliment, on utilise "je voudrais"* → ich möchte
> ich möchte – du möchtest – er möchte – wir möchten – ihr möchtet – sie möchten

a. Möchtet	du	ein Bier 	machen?
b. Möchtest	**Sie**	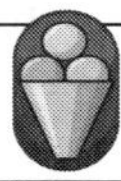 ein Eis	essen?
c. **Möchten**	dein Vater	ein Picknick 	trinken?
d. Möchte	Sie	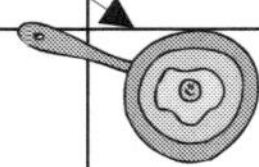 **ein Omelette**	trinken?
e. Möchten	ihr	einen Hamburger mit Pommes 	**essen**?
f. Möchte	deine Mutter	 einen Kaffee	essen?

ex. : *Möchten Sie ein Omelette essen?*

4. ***Que commandent les clients au restaurant ?***

a.
- ☐ Milch
- ☐ Limo
- ☐ Bier

c.
- ☐ Pizza
- ☐ Eis
- ☐ Pommes

e.
- ☐ Kaffee
- ☐ Schokolade
- ☐ Tee

b.
- ☐ Salat
- ☐ Hamburger
- ☐ Sandwich

d.
- ☐ Cola
- ☐ Bier
- ☐ Smoothie

f.
- ☐ Currywurst
- ☐ Pommes
- ☐ Spaghetti

5. ***Herr Blau est un peu distrait ! Il a fait des phrases qui n'ont pas de sens... Peux-tu l'aider à trouver le mot juste ?***

a. Herr Blau möchte einen Film sehen. Er geht heute ins **Restaurant**.

b. Herr Blau will die Berliner Mauer fotografieren. Er fährt nach **Frankfurt**.

c. Es ist **kalt.** Herr Blau möchte sich **ausziehen**.

d. Herr Blau will eine Pizza essen. Er geht ins **Theater**.

6. ***Qu'est-ce que tu aimes ? – Qu'est-ce que tu n'aimes-tu pas ?***

	gern	nicht gern
das Hähnchen *(le poulet)*		
die Kartoffeln *(les pommes de terre)*		
das Steak *(le steak)*		
die Milch *(le lait)*		
Wurst *(de la charcuterie)*		
die Wurst *(la saucisse)*		
der Käse *(le fromage)*		
der Kaffee *(le café)*		

gern

nicht gern

7. ***Qu'est-ce qu'ils aiment bien faire ? Traduis les phrases en utilisant* "gern":**

a. David aime bien écouter de la radio :* → David hört gern Radio.

b. Tu aimes bien aller au musée : ....

c. Amanda aime bien écrire des SMS* (die SMS) *:* ....

d. J'aime bien dormir : → Ich schlafe gern.

e. Vous aimez bien aller au cinéma : ....

f. Mehmet aime bien faire les devoirs : ....

g. Les enfants aiment bien boire de la limonade :* ....

** "du, de la, des" ne se traduisent pas en allemand !*

8. ***Que peut-on faire avec son argent ?***

a. Du hast einen Euro. Du möchtest...

b. Die Kinder haben 20 Euro. Sie wollen...

c. Vater und Mutter haben 15.000 Euro. Sie wollen....

d. Anja hat drei Euro. Sie will...

e. Ihr habt 30 Euro. Ihr wollt...

f. Familie Freund hat 800 Euro. Sie will...

g. Du hast 25 Euro. Du möchtest...

h. Ihr habt 10.000 Euro! Ihr wollt...

✓

nach Amerika fahren	**einen Wagen kaufen**	**eine Reise nach Paris machen**	**Bonbons kaufen**
Bücher kaufen	**eine CD kaufen**	**~~einen Hamburger kaufen~~**	**eine Party machen**

Gaststätte "Unter den Linden"

Vorspeisen & Snacks
(entrées et snacks)

a) Gemüsesuppe 3,50 €
b) Käseteller mit Weißbrot 4,50 €
c) Wurstteller mit Toast 4,90 €
d) großer Salatteller mit Croutons 5,50 €

Vom Schwein
(ce qui vient du porc)

a) Currywurst mit Brot 5,80 €
b) Schnitzel mit Pommes und Salat 9,90 €
c) Schweinefilet mit Kartoffeln und Karotten 10,90 €

Vom Rind
(ce qui vient du boeuf)

a) Rinderbraten mit Kartoffelpüree 8,80 €
b) Rumpsteak mit grünen Bohnen 12,90 €
c) Rinderfilet mit Nudeln und Soße 13,90 €

Geflügel
(volaille)

a) Hähnchennuggets mit Ketchup und Pommes 6,60 €
b) Hähnchenschnitzel mit Pommes und Salat 9,50 €
c) Hähnchenfilet mit Gemüse 9,90 €

9. ***Regarde le menu de ce restaurant allemand à Berlin. Que veux-tu commander ? Essaye de déchiffrer le menu. Ce n'est pas si difficile que ça !***

Vorspeisen & Snacks	**Vom Schwein**
b ~~*Assiette de fromage avec du pain blanc*~~ ☐ *Grande assiette de salade avec croutons* ☐ *Soupe de légumes* ☐ *Assiette de charcuterie avec toast*	☐ *Filet de porc avec pommes de terre et carottes* ☐ *Saucisse grillée nappée d'une sauce tomate au curry et pain* ☐ *Escalope de porc panée avec frites et salade*
Vom Rind	**Geflügel**
☐ *Rôti de bœuf avec purée de pommes de terre* ☐ *Filet de bœuf avec pâtes et sauce* ☐ *Rumsteak avec haricots verts*	☐ *Escalope de poulet panée avec frites et salade* ☐ *Nuggets de poulet avec ketchup et frites* ☐ *Filet de poulet avec légumes*

11. Meine Familie

Objectifs : les adjectifs possessifs ; le génitif saxon (le cas de l'appartenance)

1. *Te connais-tu "en famille" ?*

a. Mein Vater und meine Mutter sind die ...

b. Mein Vater hat eine Schwester. Sie ist meine ...

c. Meine Mutter hat einen Bruder. Er ist mein ...

d. Mein Onkel hat einen Sohn. Er ist mein ...

e. Meine Eltern haben auch Eltern. Sie sind meine ...

f. Ich bin der Bruder von Carla. Sie ist meine ...

g. Der Bruder und die Schwester sind die ...

h. Meine Tante hat eine Tochter. Sie ist meine ...

i. Der Vater von Mama oder von Papa ist mein ...

j. Die Mutter von Papa oder von Mama ist meine ...

Onkel — Geschwister* — Cousin — Eltern — Opa — Tante — Schwester — Großeltern — Oma — Cousine

der Sohn : *le fils*
die Tochter : *la fille (aux parents)*

*die Geschwister *(pl)*

Le mot die Geschwister *désigne les frères et sœurs. Il n'y a pas un mot en français pour l'exprimer. "As-tu des frères et sœurs" se dit en allemand :* Hast du Geschwister?

2. *Écoute ! Qui fait quoi ?*

Mutter	Schwester	Eltern	Tante	Bruder	Bruder/Schwester	Vater

a. .... Hildegard geht am Sonntag ins Café.

b. Mein .... Til will nach Frankreich fahren.

c. Wo ist deine .... ?

d. Das ist Maria. Ihre .... wohnen in Portugal.

e. Meine .... war am Sonntag in Stuttgart.

f. Hast du einen .... oder eine .... ?

g. Unser .... war für seine Arbeit in Athen.

3. ***À toi de traduire :***

C'est le livre de Paul. → Das ist Paul**s** Buch.
As-tu le portable de Lisa ? → Hast du Lisa**s** Handy?

a. C'est la voiture de papa.

....

b. Où est le chien de Maria ?

....

c. La fête (die Party) *de Sylvia était super !*

....

d. C'est la maison de grand-mère.

....

e. Connais-tu le frère de Richard ? (kennen)

....

<u>Le génitif saxon</u>

L'appartenance (génitif saxon) est exprimée en rajoutant la lettre <u>–s</u> au nom. Valable pour tous les noms propres, la mère, le père et les grands-parents.

Le livre <u>de Maria</u>
Maria<u>s</u> Buch
La voiture <u>de papa</u>
Papa<u>s</u> Wagen
Le chat <u>de grand-père</u>
Opa<u>s</u> Katze

4. ***Où veulent-ils passer leurs vacances ?***

1. La tante de Michael veut aller dans les Alpes.	 	*a.* Kevins und Toms Eltern gehen ans Meer.
2. Le frère de Carla veut aller en Grèce.		*b.* Bettinas Schwester will die Tempel in Thailand sehen.
3. La cousine de Pierre veut visiter des églises.		*c.* Michaels Tante will in die Alpen gehen.
4. Le père de Luka veut aller en Angleterre.	 	*d.* Lukas Vater will nach England fahren.
5. Les parents de Kévin et de Tom vont à la mer.		*e.* Papas Tante will in Rom bleiben.
6. La sœur de Bettina veut voir les temples en Thaïlande.	 	*f.* Pierres Cousine will Kirchen besichtigen.
7. La tante de Papa veut rester à Rome.		*g.* Carlas Bruder will nach Griechenland fahren.

Les adjectifs possessifs

ein Wagen → **mein** Wagen / eine Frau → **meine** Frau / Kinder → **meine** Kinder
ich → mein / du → dein / er → sein / sie → ihr / es → sein
wir → unser / ihr → euer / sie → ihr / Sie → Ihr

Les adjectifs possessifs se déclinent !

5. ***Quel sont les noms / pronoms qui manquent ?***

die Kinder · mein Vater · du · ~~ich~~ · ihr · das Baby · meine Mutter · wir

a. Ich nehme **mein** Buch und gehe in die Schule.
b. .... essen **unseren** Hamburger.
c. Hast .... **dein** Handy hier?
d. .... nimmt **ihre** Einkaufstasche. *(sac de courses)*
e. .... trinkt **seine** Milch.
f. .... fährt **seinen** Wagen in die Garage.
g. Wollt .... **eure** Tante besuchen? *(rendre visite)*
h. .... machen **ihre** Aufgaben für die Schule.

Das ist Alex. Und das ist **sein** Vater.
Alex nimmt **seine** Tüte *(le sac)*.
Das ist Marianne. Und das ist **ihr** Vater.
Marianne nimmt **ihre** Tüte.

6. ***Quel est le possessif qui convient ?***
N'oublie pas que les adjectifs possessifs se déclinent ! Voici un petit rappel des noms utilisés avec leur déterminant pour t'aider :

a. Norbert, hast du deinen Computer?
b. Hallo Kemal und Aylin. Wo ist .... Cousin?
c. Sybille macht .... ersten Kuchen. *(premier gâteau)*
d. Wir essen .... Currywurst *(saucisse grillée)*.
e. Die Eltern nehmen .... Wagen.
f. Kevin ruft heute .... Vater an.
g. Brigitte, wo sind .... Großeltern?
h. Das Mädchen sucht .... Puppe.
i. Ich mache .... Radio an und höre Musik.
j. Wo ist .... Mann, Frau Rosenberg?

der Mann · der Wagen · die Currywurst · die Puppe · das Radio · der Kuchen · der Vater · der Cousin · der Computer · die Großeltern

7. ***Quels sont les mots qui manquent dans ce texte ?***

<u>Jans Geburtstagsparty</u>

Jan hat heute Geburtstag. Seine .... haben ein Geschenk für Jan. Es ist ein Videospiel. Jans .... hat ein Poster für sein Zimmer. Heute Nachmittag kommen Jans Freunde. Die Kinder spielen zusammen. Jans .... Luise und ihr Mann kommen auch. Am Abend kommen auch die .... Sie haben auch ein Geschenk für ihren Enkel: das Videospiel "Avatar". Für das Abendessen mach die .... eine große Pizza.

der Geburtstag : *l'anniversaire*	das Geschenk : *le cadeau*
das Videospiel : *le jeu vidéo*	das Zimmer : *la chambre ; la pièce*
zusammen : *ensemble*	heute Nachmittag : *cet après-midi*
das Abendessen : *le dîner*	der Enkel : *le petit-fils*

8. ***Présente ta famille :***

Mein Vater heißt .... Er ist .... Jahre alt.	Meine Mutter heißt .... Sie ist .... Jahre alt.
Mein Bruder heißt .... Er	Meine Schwester heißt .... Sie ....
Mein Opa heißt .... Er	Meine Oma heißt .... Sie ....
Mein Onkel heißt .... Er	Meine Tante heißt .... Sie ....

Hast du einen Hund? Mein Hund heißt ....

Hast du eine Katze? Meine Katze heißt ....

Hast du einen Goldfisch? Mein Goldfisch heißt ....

12. Ich will nicht!

Objectifs :
la négation nicht *;*
le verbe de modalité
können

1. *Qu'en penses-tu ? Grand ou pas grand ; chaud ou pas chaud ? À toi de voir !*

a. Die Pyramiden sind groß	☐	Die Pyramiden sind nicht groß	☐
b. Eistee ist heiß	☐	Eistee ist nicht heiß	☐
c. Ein Baby ist klein	☐	Ein Baby ist nicht klein	☐
d. Konfitüre ist süß*	☐	Konfitüre ist nicht süß	☐
e. Die Banane ist rot	☐	Die Banane ist nicht rot	☐
f. Der Affe ist intelligent	☐	Der Affe ist nicht intelligent	☐
g. Ein Dreirad* fährt schnell	☐	Ein Dreirad fährt nicht schnell	☐
h. Die Tomate ist blau	☐	Die Tomate ist nicht blau	☐
i. Schule ist schön	☐	Schule ist nicht schön	☐

* süß = *sucré* *das Dreirad = *le tricycle*

2. *Qu'est-ce que tu ne dois pas faire ?*

a. Interdiction de rêver !	Trink nicht!
b. Interdiction de dormir !	Geh nicht in die Schule!
c. Interdiction de rouler vite !	Mach das Fenster nicht auf!
d. Interdiction de jouer aux cartes !	Träum nicht! *(rêver)*
e. Interdiction de boire !	Spiel nicht mit Karten!
f. Interdiction d'aller à l'école !	Schlaf nicht!
g. Interdiction d'ouvrir la fenêtre !	Mach deine Aufgaben nicht!
h. Interdiction de faire tes devoirs !	Fahr nicht schnell! *(vite)*

La négation "ne...pas"

"Ne...pas" se traduit par <u>nicht</u>. Comme nous l'avons vu dans l'exercice 1, <u>nicht</u> se place devant un adjectif attribut ou un adverbe :
Das Baby ist nicht <u>klein</u>. / Ein Dreirad fährt nicht <u>schnell</u>.
Bien sûr, il y a quelques exceptions...

3. *Mets les phrases à la forme négative :*

> ***D'ordre général :***
>
> **nicht** ***se place*** ***<u>à la fin</u>*** ***de la phrase.***

a. Ja, ich will!

Nein, ich will nicht !

b. Die Kinder schlafen.

....

c. Ich spiele.

....

d. Ja, ich komme heute.

....

e. Du kaufst das Buch.

....

f. Mach deine Aufgaben!

....

g. Lukas isst seinen Hamburger.

....

4. *Quelle est la phrase correcte ?*

a. ☐ Er will nicht spielen.

☐ Er will spielen nicht.

b. ☐ Möchtest du nicht das Buch kaufen?

☐ Möchtest du das Buch nicht kaufen?

c. ☐ Wollt nicht ihr das Auto sehen?

☐ Wollt ihr das Auto nicht sehen?

d. ☐ Ich möchte morgen nicht kommen.

☐ Ich möchte nicht morgen kommen.

> ***Exceptions (1) :***
>
> **nicht** ***se place*** ***<u>devant un infinitif</u> :***
>
> **Er will nicht <u>kommen</u>.**

Ich will nicht telefonieren!

> ***Exceptions (2) :***
>
> **nicht** ***se place*** ***<u>devant une préposition</u> :***
>
> **Er geht heute nicht <u>in</u> das Kino.**

Ich will nicht in die Schule gehen!

5. *Trouve la bonne place de la négation* **"nicht"** *:*

a. Sandra ☐ geht ☐ nach ☐ Köln.

a. Sandra ☐ geht ☒ nach ☐ Köln.

b. Pierre ☐ kommt ☐ aus ☐ Lyon.

c. Mein Vater ☐ fährt ☐ morgen ☐ nach Berlin.

d. Die Kinder ☐ gehen ☐ in die Pizzeria.

e. Ich arbeite ☐ heute ☐ für ☐ die Schule.

f. Kommst du ☐ mit Thomas ☐ ?

Exceptions (3) :

nicht ***se place*** ***devant*** ***une particule de verbe*** **: (an/rufen)**

Philipp ruft Thomas nicht an.

Ich stehe nicht auf!

6. ***Mets les phrases à la négation :***

a. Ralf macht das Fenster auf.

....

b. Ich ziehe meine Jeans und meinen Pulli an.

....

c. Es ist sieben Uhr; wir stehen auf.

....

d. Meine Mutter macht die Lampe aus.

....

e. Die Kinder machen das Buch zu.

....

7. ***Que peut-on savoir sur toi ? Coche la bonne proposition :***

Ich komme aus Frankreich.	☐	Ich komme nicht aus Frankreich.	☐
Ich wohne in Paris.	☐	Ich wohne nicht in Paris.	☐
Ich bin dreizehn.	☐	Ich bin nicht dreizehn.	☐
Mein Handy ist schwarz.	☐	Mein Handy ist nicht schwarz.	☐
Ich schlafe gern.	☐	Ich schlafe nicht gern.	☐
Mein Hund heißt *Médor*	☐	Mein Hund heißt nicht *Médor*	☐
Ich gehe gern in die Schule.	☐	Ich gehe nicht gern in die Schule.	☐
Meine Lieblingsfarbe ist rot.	☐	Meine Lieblingsfarbe ist nicht rot.	☐
Ich esse gern Hamburger.	☐	Ich esse nicht gern Hamburger.	☐
Mein Onkel wohnt in Amerika.	☐	Mein Onkel wohnt nicht in Amerika.	☐
Ich möchte nach Berlin gehen.	☐	Ich möchte nicht nach Berlin gehen.	☐

die Lieblingsfarbe : *la couleur préférée* / schwarz : *noir*

Le verbe "pouvoir" se traduit aussi par : "savoir faire"

<u>können</u>
ich kann – du kannst – er kann
wir können – ihr könnt – sie können

8. ***Quelle est la forme du verbe können ?***

a. ………… du bitte die Tür aufmachen?

b. Wer ………… den Text lesen?

c. Manuela ………… nicht schwimmen!

d. Ich ………… mein Handy nicht finden.

e. Oma und Opa ………… morgen nicht kommen, ihr Auto ist kaputt! *(cassé)*

9. ***Que savent-ils faire ?***

a. David geht ins Schwimmbad. Er kann...

b. Lena ist Ballettschülerin. Sie kann...

c. Susanne und Tobias haben einen Fotoapparat. Sie können...

d. Ich habe ein Surfbrett. Ich kann... → surfen
(das Surfbrett : *la planche à voile)*

e. Meine Mutter hat Mehl und Eier. Sie kann...
(das Mehl : *la farine)*

f. Wir gehen heute nicht in die Schule. Wir können...

g. Du hast ein Handy. Du kannst...

h. Ihr habt 2 Euro. Ihr könnt...

einen Kuchen backen
telefonieren
surfen
schwimmen
fotografieren
ein Eis kaufen
tanzen
schlafen

10. ***Que peuvent-ils ? Que ne peuvent-ils pas faire ? Que savent-ils faire ? Quelle affirmation va avec quelle photo ?***

a. 1 

. ☐ 
c. ☐ 
d. ☐ 

e. ☐ 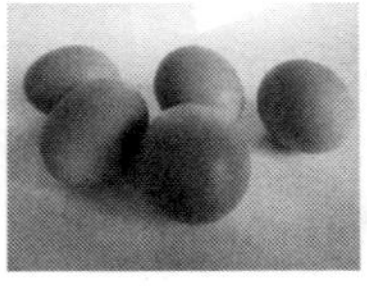
f. ☐ 
g. ☐ 

h. ☐ 
i. ☐ 
j. ☐ 

k. ☐ 

13. Darf ich ins Kino?

Objectifs :
les verbes de modalité
dürfen *et* müssen *;*
les conjonctions
denn, aber, oder

1. ***À ton avis... Plaisir ou obligation ?***
Voici plusieurs activités. Indique pour chacune s'il s'agit d'un devoir – tu es obligé de le faire* (müssen) *– ou d'un plaisir pour lequel tu demandes la permission* (dürfen) *:

		müssen	**dürfen**
	in das Schwimmbad gehen *(aller à la piscine)*		
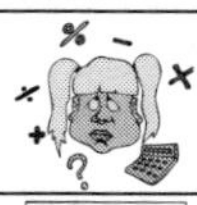	für die Mathearbeit lernen *(réviser pour le contrôle de maths)*		
	zur Nachhilfe gehen *(aller au cours de rattrapage)*		
	Reiten *(faire du cheval)*		
	die Aufgaben machen *(faire les devoirs)*		
	Schokolade essen *(manger du chocolat)*		
	ins Kino gehen *(aller au cinéma)*		
	den Tisch decken *(mettre la table)*		
	Fußball spielen *(jouer au foot)*		
	Hamburger essen *(manger un hamburger)*		
	den Abwasch machen *(faire la vaisselle)*		

Le verbe <u>müssen</u> exprime le devoir ou l'obligation :
"être obligé"

ich muss – du musst – er muss
wir müssen – ihr müsst – sie müssen

Le verbe <u>dürfen</u> exprime le droit ; donne l'autorisation :
"avoir le droit"

ich darf – du darfst – er darf
wir dürfen – ihr dürft – sie dürfen

2. ***Qu'est-ce qu'ils doivent faire ?***

a. Tim ist schlecht in Französisch,	• mein Vater muss ins Büro*.
b. Meine Mutter will ein Omelette machen,	• er muss gewinnen. *(gagner)*
c. Es ist Montag,	• du musst antworten. *(répondre)*
d. Clara und Nina wollen nach Köln fahren,	• ich muss eine Banane essen.
e. Der *Olympique de Marseille* spielt in Rom,	• sie muss Eier kaufen.
f. Dein Telefon geht, *(ici : sonne)*	• er muss Französisch lernen.
g. Ich habe Hunger, *(avoir faim)*	• sie müssen Deutsch lernen.

**** Avec les verbes de modalité, l'infinitif <u>gehen</u>/<u>fahren</u> peut être supprimé à la fin de la phrase.* Ich will ins Kino gehen. → Ich will ins Kino.**
En plus, c'est très "allemand" !

3. ***Quels éléments vont ensemble ? Parfois tu as plusieurs possibilités !***

Jörg und Dennis	darf heute ins Konzert.
Ihr	dürft ein Glas Champagner trinken.
Lena	darf auf Axels Party gehen.
Ich	dürfen bis 20 Uhr fernsehen.
Wir	darf ihre Freundin einladen.
Die Kinder	darfst bis 22 Uhr lesen.
Du	dürfen um 12 Uhr in die Pause gehen.
Mein Bruder	dürfen im Sommer zelten.

der Champagner : *le champagne*   fern/sehen : *regarder la télé*
ein/laden : *inviter*   zelten : *faire du camping*

4. ***Écoute les phrases et compte le nombre de fois que tu entends ces verbes de modalité :***

a. wollen ☐   *b*. müssen ☐   *c*. können ☐

d. "möchten" ☐   *e*. dürfen ☐

5. ***Herr Blau est à Paris et il a quelques problèmes avec les verbes de modalité. Nous sommes sûrs que tu vas pouvoir l'aider !***

a. Herr Blau fährt nach Paris.
Er ☐ muss den Eiffelturm sehen.
Er ☐ möchte den Eiffelturm sehen

b. Paris ist in Frankreich.
Er ☐ muss Französisch sprechen.
Er ☐ darf Französisch sprechen.

c. Herr Blau findet Paris schön.
Er ☐ darf die *Sacré Coeur* fotografieren.
Er ☐ will die *Sacré Coeur* fotografieren.

d. Herr Blau hat am Samstag Zeit. *(le temps)*
Er ☐ kann nach Versailles fahren.
Er ☐ muss nach Versailles fahren.

e. Sonntag ist der letzte Tag. *(le dernier jour)*
Er ☐ darf nach Deutschland zurück.
Er ☐ muss nach Deutschland zurück.
(zurück/fahren = *retourner)*

6. **Aber, denn, oder...** ***Quelle conjonction est correcte ?***

a. Wir können nach London fahren,
.... willst du nach Rom?

b. Manuela muss zum Arzt gehen,
.... sie hat eine Grippe.

c. Ich möchte ein Handy kaufen,
.... ich habe nicht viel Geld.

d. Olivers Vater ist Mathelehrer,
.... Oliver ist nicht gut in Mathe.

e. Sven spricht gut Französisch,
.... er war im April in Paris.

f. Willst du Michael eine E-Mail schreiben,
.... willst du eine SMS schicken?

Les conjonctions

aber = *mais*

denn = *car*

oder = *ou*

Les conjonctions sont toujours précédées d'une virgule !
Ce sont des mots "zéro" qui ne comptent pas = verbe en 2e position !

Er kommt nicht,
denn er ist krank.
0 1 2 3

7. ***SMS pour Sabine. Quels sont les conjonctions qui manquent ?***

Hallo Sab! Gehe heute ins Kino, Film mit Johnny Depp. Toller Typ, ______ verheiratet mit Vanessa Paradis! Kommst du auch, ______ hast du was vor? Film um 14 Uhr, ______ um 16 Uhr. Tina kommt nicht, ______ ihr Bruder hat Masern. Bis bald Lena

toll : *super ; chouette*
der Typ : *le mec*
bis bald : *à bientôt*
was *abrégé pour* etwas : *quelque chose*
etwas (was) vor/haben : *avoir prévu quelque chose*
verheiratet : *marié*
die Masern : *la rougeole*
die SMS : *le sms*

8. ***Tu veux écrire un sms à un ami ou une amie. Tu peux te servir du vocabulaire de l'exercice 1 ! Tu lui dis :***

- *que tu veux aller à la piscine*  *ou au cinéma* 
- *que ta copine Brita ne vient pas car elle doit réviser pour son contrôle de maths*
- *que ton frère n'a pas le temps* (keine Zeit haben) *car il va*  *au cours de*  *rattrapage*
- *que Marko voudrait venir mais il joue au foot* 
- *qu'il ou qu'elle doit t'envoyer un sms ou un email* 
- *à bientôt*

Hallo ______________

Ich will heute ins Schwimmbad oder ins Kino.

____

____

____

____

____

____

14. Ich habe eine Katze, aber keinen Hund!

Objectifs :
l'accusatif (2) ;
la préposition für *;*
la négation kein

1. *Leçon de français !*
Souligne les sujets (.........) et les COD (____) dans les phrases suivantes :

a. La fille achète un nouveau cartable.

b. Ce garçon est mon petit frère.

c. Connais-tu cet homme ?

d. Ma mère boit du vin et mon père boit de la bière.

e. Thomas a un frère et une sœur.

f. Mon père est le directeur de la banque.

> ***Le NOMINATIF et l'ACCUSATIF***
> ***Nominatif :***
> ***sujet de la phrase "qui ?" (groupe nominal) → Le chien est gros.***
> ***Accusatif :***
> ***COD (que ; quoi) → Je vois le chien.***

Ne tombe pas dans le piège :
Les constructions avec le verbe "être" sont au NOMINATIF !
Monsieur Klein ***est le*** *professeur* → Herr Klein **ist der** Lehrer.

2. *Quelle est la suite de la phrase ? Parfois, tu as plusieurs possibilités. N'oublie pas de décliner l'article. Sers-toi du tableau au chapitre 10 en cas de besoin :*

a. Meine Eltern kaufen ...

b. Wo ist ...

c. Hast du ...

d. Was macht ...

e. Möchtest du ...

f. Wir nehmen ...

3. *Écoute ce que la famille Becker commande* (bestellen) ***à boire au restaurant :***

a. Herr Becker bestellt ....

b. Frau Becker bestellt ....

c. Gaby Becker bestellt ....

d. Lukas Becker bestellt ....

e. Opa Becker bestellt ....

f. Oma Becker bestellt ....

4. ***Cette fois-ci, c'est toi qui n'as rien... Mets les phrases à la forme négative :***

a. Paul hat einen Computer. → Ich habe keinen Computer.

b. Till hat einen Hund. → ....

c. Tom und Katie haben ein Eis. → ....

d. Ihr habt ein Fahrrad. → ....

e. Du hast eine SMS. → ....

f. Manuela hat einen Wagen. → ....

g. Marcel hat Ferien. *(les vacances)* → ....

La négation "pas de"

"pas de" se traduit par kein.
Tu as sûrement remarqué que kein se conjugue exactement comme l'article indéfini ein (sauf au pluriel : keine).

5. ***Beaucoup de bonnes intentions.... MAIS il manque toujours quelque chose !***
À toi de trouver ce qu'il manque. N'oublie pas de décliner la négation **kein** ***:***

a. Ich will nach Berlin fahren,	aber ich habe keinen Wagen.
b. Klaus will ein Fahrrad kaufen,	aber er hat ....
c. Die Mädchen wollen auf eine Party,	aber sie haben ....
d. Ihr möchtet eine E-Mail schreiben,	aber ihr habt ....
e. Herr Blau möchte frühstücken,	aber er hat ....
f. Meine Mutter möchte einen Kuchen machen,	aber sie hat ....

das Mehl *(la farine)* 
der Computer *(l'ordinateur)* 
 der Kaffee *(le café)*
das Geld *(l'argent)* 
 die Klamotten *(les fringues)*
der Wagen *(la voiture)* 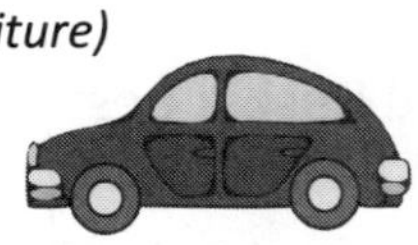

6. ***Voici la page d'un catalogue de meubles. Forme des phrases d'après l'exemple :***

Möbelhaus Elch

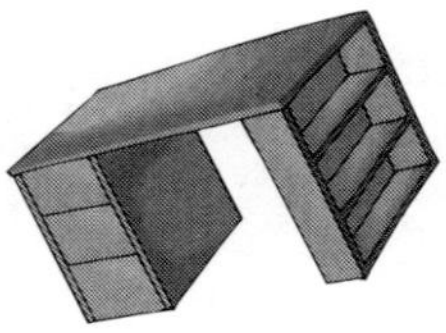

(der) Schreibtisch "Erik"
Holz und Metall 97,-

(der) Sessel
"Karl"
Polyester
und Holz
125,-

(das) Sofa "Lola"
100% Leder
453,-

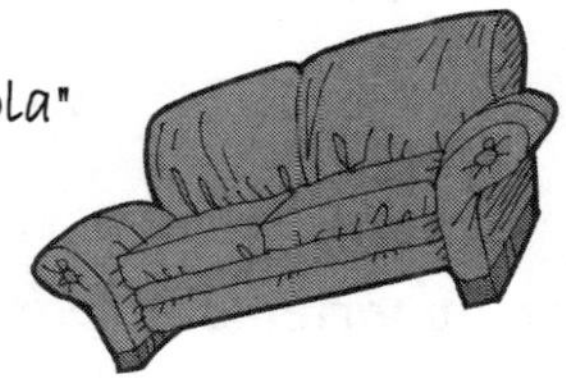

(der) Stuhl
"Ludwig"
Holz mit Velours
85,-

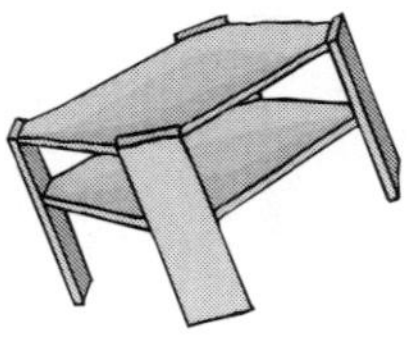

(der) Tisch "Frank"
Holz mit
Kunststoff
49,-

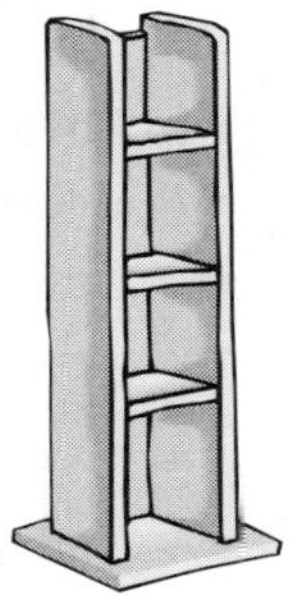

(der)
Schrank
"Erna"
100% Holz
258,-

(das) Regal "Toby"
Kunststoff
nur 39,-

(das) Bett "Dorian"
Metall
75,-

(der)
Spiegel
"Marianne"
Kunststoff
39,-

(der)
Papierkorb
"Rudy"
11,-

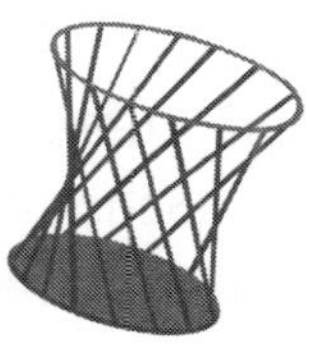

(der)
Wäschekorb
"Trudi"
5,90

a. ein Tisch / mein Bruder : Wir kaufen *einen Tisch* **für** *meinen Bruder.*

b. ein Bett / meine Schwester : ....

c. ein Spiegel / meine Mutter : ....

d. ein Regal / mein Vater : ....

e. ein Sessel / mein Opa : ....

f. ein Schreibtisch / meine Cousine : ....

Après la préposition <u>für</u> (pour) il faut toujours mettre un <u>ACCUSATIF</u> !

7. Reconnais-tu les pièces de la maison ?

a. das Wohnzimmer •	• *la chambre d'amis ("pour les invités")*
b. das Schlafzimmer •	• *la salle de bains ("où l'on se baigne")*
c. das Kinderzimmer •	• *la chambre à coucher ("où l'on dort")*
d. das Gästezimmer •	• *la chambre des enfants*
e. das Badezimmer •	• *le séjour ("où l'on habite")*

8. Herr Blau s'est trompé en meublant son appartement. Dans chaque pièce il y a un élément qui n'est pas à sa place. Lequel ?

a. **die Küche**

- ☐ vier Stühle
- ☐ ein Tisch
- ☐ zwei Betten

f. **das Gästezimmer**

- ☐ ein Bett
- ☐ zwei Stühle
- ☐ neun Sessel

b. **das Wohnzimmer**

- ☐ ein Wäschekorb
- ☐ ein Sofa
- ☐ zwei Sessel

e. **das Badezimmer**

- ☐ ein Spiegel
- ☐ ein Sofa
- ☐ ein Wäschekorb

c. **das Schlafzimmer**

- ☐ ein Bett
- ☐ ein Schrank
- ☐ ein Schreibtisch

d. **das Kinderzimmer**

- ☐ elf Stühle
- ☐ ein Schreibtisch
- ☐ ein Schrank

9. Qu'est-ce que tu as ? Qu'est-ce que tu n'as pas ? Tu n'as qu'à cocher !

Ich habe einen Onkel in Berlin.	JA	Ich habe keinen Onkel in Berlin.	NEIN
Ich habe eine Schwester.	JA	Ich habe keine Schwester.	NEIN
Ich habe eine Katze.	JA	Ich habe keine Katze.	NEIN
Ich habe einen Computer.	JA	Ich habe keinen Computer.	NEIN
Ich habe eine E-Mail Adresse.	JA	Ich habe keine E-Mail Adresse.	NEIN
Ich habe einen Hund.	JA	Ich habe keinen Hund.	NEIN
Ich habe heute Ferien.	JA	Ich habe heute keine Ferien.	NEIN

15. Wo ist das Café?

Objectifs :
les directions (droite ; gauche ; tout droit) ; trouver son chemin ; les noms composés

1. ***Tu dois faire quelques courses en ville. Associe les éléments à gauche aux lieux proposés à droite :***

a. ein offizielles Dokument *un document officiel*
b. auf den Bus warten *attendre le bus*
c. Geld ab/heben *retirer de l'argent*
d. Wurst und Fleisch kaufen *acheter de la charcuterie et de la viande*
e. ein Stück Kuchen essen *manger une part de tarte*
f. Medikamente holen *aller chercher des médicaments*
g. Brot kaufen *acheter du pain*

• die Metzgerei 

• das Café 

• die Apotheke 

• die Haltestelle 

• die Bäckerei 

• das Rathaus 

• die Bank 

2. ***Marque les noms des lieux que tu as trouvés dans l'exercice 1 et indique si ce lieu se trouve dans ta ville (JA) ou non (NEIN) :***

a. la mairie :	....	JA	NEIN
b. l'arrêt (de bus) :	....	JA	NEIN
c. la banque :	....	JA	NEIN
d. la boucherie :	....	JA	NEIN
e. le salon de thé :	....	JA	NEIN
f. la pharmacie :	....	JA	NEIN
g. la boulangerie :	....	JA	NEIN

3. **Herr Klein *vient d'arriver. Il ne connaît pas la ville. Donne-lui des indications pour l'aider à trouver son chemin selon l'exemple :***

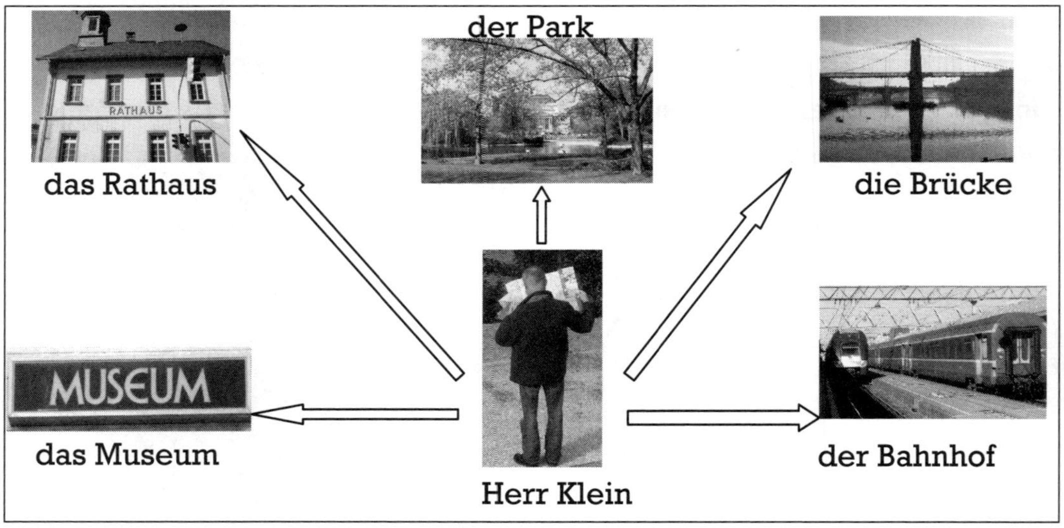

a. das Rathaus: *Sie suchen das Rathaus? Gehen Sie nach links!*

b. die Brücke: ....

c. der Park: ....

d. der Bahnhof: ....

e. das Museum: ....

> rechts : *à droite*
> links : *à gauche*
> geradeaus : *tout droit*

4. ***Relie chaque indication à son panneau de signalisation :***

a. Nach links fahren!	*b*. Nur für Busse!	*c*. Nur für Fahrräder!	*d*. Achtung: Kinder!	*e*. Einfahrt verboten!

1. 	2. 	3. 	4. 	5. 

> verboten : *interdit* / Achtung : *attention*

5. ***Écoute et complète les nouveaux mots :***

a) die _ _ _ _ H _ _ _

b) die _ _ _ Z _ _ _ _ _

c) das _ _ _ _ A _ _

d) die _ Ä _ _ _ _ _ _

e) die _ _ _ _ _ S _ _ _ _ _

6. ***Sers-toi des éléments suivants pour faire des mots composés :***

a. die Stadt *la ville*	**der** Hof *la cour*
b. der Rat *le conseil*	**das** Büro *le bureau*
c. die Bahn *le train*	**der** Platz *la place*
d. die Möbel *les meubles*	**der** Park *le parc*
e. der Markt *le marché*	**das** Haus *la maison*
f. die Reise *le voyage*	**das** Haus *la maison*

Les mots composés

Contrairement au français, l'ordre est inversé et tout s'attache en allemand!

le jus d'orange = **der Orangensaft**

Le déterminant du 2ᵉ élément devient le déterminant du nouveau mot composé :

die Orangen / der Saft = der Orangensaft

a. der Stadt park = le parc de la ville ; le parc municipal

b. .... Rat.................... = ...

c. .... Bahn................. = ...

d. .... Möbel................ = ...

e. .... Markt................ = ...

f. .... Reise................. = ...

7. ***Essaye de déchiffrer ces nouveaux mots composés :***

a. **die Fußgängerzone**

- ☐ *la zone piétonne*
- ☐ *la piste cyclable*
- ☐ *la zone pour les livraisons*

b. **die Innenstadt**

- ☐ *la banlieue*
- ☐ *le centre-ville*
- ☐ *la ville-dortoir*

c. **das Kaufhaus**

- ☐ *l'office de tourisme*
- ☐ *la maison du maire*
- ☐ *le grand magasin*

d. **das Einkaufszentrum**

- ☐ *le magasin de journaux*
- ☐ *le centre de congrès*
- ☐ *le centre commercial*

e. **die Stadtmauer**

- ☐ *les remparts*
- ☐ *la préfecture*
- ☐ *le conseil de la ville*

f. **das Hochhaus**

- ☐ *l'hôpital*
- ☐ *la maison d'arrêt*
- ☐ *le building*

8. ***Écoute les indications pour trouver le chemin ! Voici trois situations :***
   a. tu te promènes en ville
   b. tu donnes des instructions à un passant
   c. tu participes à une visite guidée de la ville

Chaque situation nous emmène à un point de chute différent. À toi de le trouver !

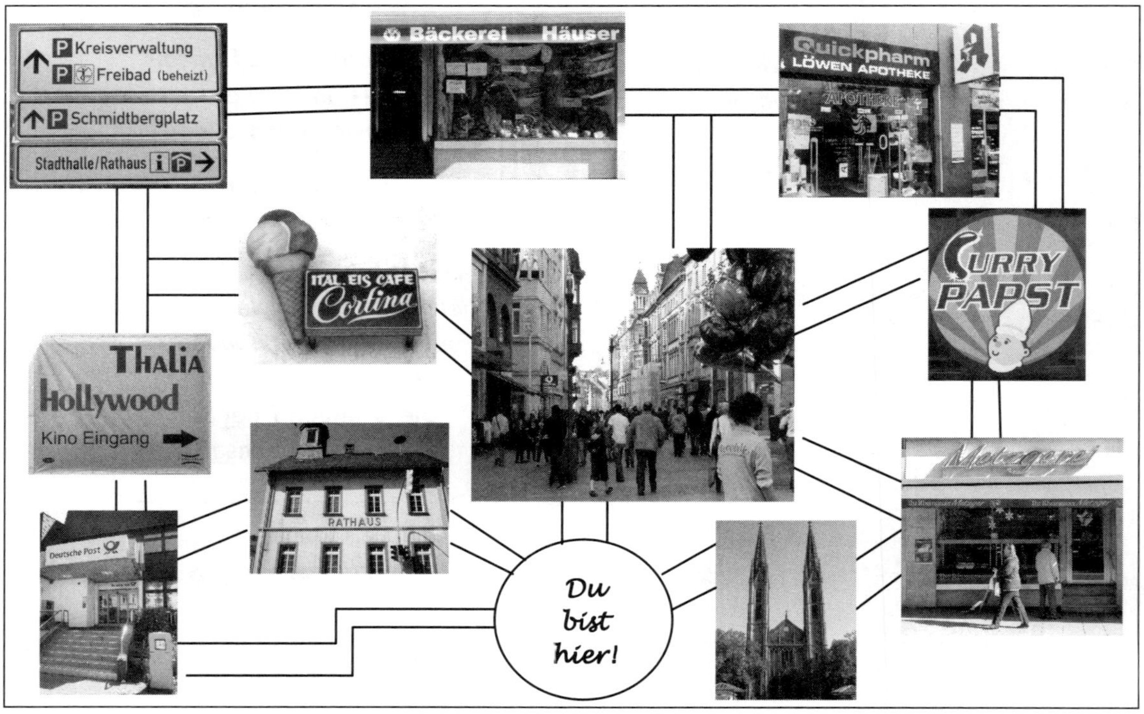

a. Wo bist du? Du bist ....

b. Dort ist ....

c. Hier machen wir 30 Minuten Pause. Hier ist ....

9. ***Herr Blau est en ville. Il a fait des mots composés ... mais mal ! Pour chaque mot, il n'y a que l'article et la deuxième partie du mot qui sont exacts. Que voulait-il dire ?***

a. Hier wartet Herr Blau auf den Bus:	die Eis -	**stelle**
b. Herr Blau braucht ein offizielles Dokument:	das Innen -	haus
c. Herr Blau parkt seinen Wagen:	der Rat -	platz
d. Herr Blau geht in das Zentrum:	die Park -	stadt
e. Jetzt geht Herr Blau ein Eis essen:	das **Halte** -	café

16. Ich fahre nach Italien

Objectifs :
les noms des pays,
l'adjectif qui correspond
et les habitants

1. Das Land und die Hauptstadt
***Le pays et la capitale.* Wie heißt die Hauptstadt von... ?**

a. DEUTSCHLAND •	• Rom
b. FRANKREICH •	• Dublin
c. SPANIEN •	• Wien
d. ITALIEN •	• Brüssel
e. GROSS-BRITANNIEN •	• Athen
f. ÖSTERREICH •	• Paris
g. PORTUGAL •	• London
h. BELGIEN •	• Berlin
i. IRLAND •	• Lissabon
j. GRIECHENLAND •	• Madrid

Les noms des pays
Tu as sûrement déjà remarqué que les noms des pays en allemand n'ont pas d'article : *la France* = Frankreich.
Il y a cependant quelques exceptions :
***la Suisse* = die Schweiz / *la Turquie* = die Türkei**
***les Pays-Bas* = die Niederlande *(pl)* / *les États-Unis (les USA)* = die USA**

2. *Voici des informations utiles concernant quelques pays. Écoute bien et inscris le nom du pays dont il s'agit :*

a. .... hat 8.4 Millionen Einwohner.
b. In .... zahlt man in Pfund.
c. In .... spricht man Französisch und Flämisch.
d. Capri ist eine Insel in ....
e. .... ist seit 1981 in der Europäischen Union.
f. Die .... hat 26 Kantone.
g. .... heißt auch: "Die grüne Insel".

der Einwohner : *l'habitant*
zahlen : *payer*
das Pfund : *la livre*
flämisch : *flamand*
die Insel : *l'île*
seit : *depuis*

3. Die Einwohner – ***les habitants. À toi de trouver les habitants de ces pays :***

a. Der Deutsche trinkt gern Bier.

b. Cristiano Ronaldo ist ....

c. .... trinkt viel Tee mit Milch

d. Carla Bruni ist ....

e. .... liebt seine Hauptstadt: Paris!

f. Rafael Nadal ist .... und spielt Tennis.

g. Kennst du Nana Mouskouri? Sie ist .... und singt.

der Brite

der Franzose

eine Griechin

ein Spanier

ein Portugiese

eine Italienerin

~~der Deutsche~~

L'habitant et l'adjectif de nationalité

En allemand, l'adjectif d'un pays est utilisé pour la langue et pour qualifier quelque chose :
On parle français = **Man spricht Französisch.** ***/ Du vin français =*** **Französischer Wein.**
En revanche, le nom des habitants a toujours sa propre forme qui est très différente de l'adjectif :
Le Français = der Franzose / une Espagnole = eine Spanierin

4. Die Sprache – ***la langue. Quelle langue parle-t-on dans quel pays ?***

Griechisch

Italienisch

Spanisch

Deutsch

Englisch

Französisch

Portugiesisch

a. In Amerika spricht man ....

b. In Österreich spricht man ....

c. In Monaco spricht man ....

d. In Brasilien spricht man ....

e. In Griechenland spricht man ....

f. In Argentinien spricht man ....

g. In Italien spricht man ....

In et *nach*

Lorsqu'on se trouve dans une ville ou un pays, on utilise la préposition in :

Je suis à Berlin. **→ Ich bin in Berlin.**

Il était en Angleterre. **→ Er war in England.**

Quand on se dirige vers une ville ou un pays*, on emploie nach :

Je vais à Berlin. **→ Ich gehe nach Berlin.**

Je vais en Angleterre. **→ Ich fahre nach England.**

****Exception : les pays qui ont un article :***
die Schweiz, die Türkei, die Niederlande, die USA...
Quand on se dirige vers ces pays, on utilise in :

Nous allons en Suisse. **→ Wir gehen in die Schweiz.**

Die Kontinente:

EUROPA

AFRIKA

ASIEN

AMERIKA

AUSTRALIEN

5. **In *ou* nach ?**

a. Im Sommer fahren wir .... Spanien. Wir wollen Barcelona sehen.

b. Im Januar war ich .... Österreich. Ich war .... Wien.

c. .... Madrid gibt es ein tolles Museum: "Der Prado".

d. Yvonne muss morgen .... Frankfurt fahren, da ihre Tante krank ist.

e. Lena möchte .... Italien fahren, ihre Freundin wohnt .... Rom.

f. Willst du .... Irland oder .... Groß-Britannien?

6. ***Les vacances... Relie les éléments qui vont ensemble (plusieurs possibilités) :***

a. 2005 waren wir ... — nach Griechenland.

b. Nächstes Jahr fahre ich ... — in Ägypten.

c. Im August war Claudia ... — nach Österreich in die Berge.

d. Wolfgang fährt immer ... — in Amerika, in Arizona.

e. Familie Huber geht ... — nach Irland

7. ***Remplis les fiches des pays selon l'exemple :***

GROSS-BRITANNIEN

Sprache: Englisch

Hauptstadt: London

Einwohner: der Brite
die Britin

Bevölkerung: 60 Millionen

wichtige Städte: Birmingham, Manchester, Edinburgh

DEUTSCHLAND

Sprache: ....

Hauptstadt: ....

Einwohner: ....

Bevölkerung: 81 Millionen

wichtige Städte: ....

ITALIEN

Sprache: ....

Hauptstadt: ....

Einwohner: ....

Bevölkerung: 60 Millionen

wichtige Städte: ....

SPANIEN

Sprache: ....

Hauptstadt: ....

Einwohner: ....

Bevölkerung: 46 Millionen

wichtige Städte: ....

die Bevölkerung = *la population* / wichtig = *important*

8. ***Écoute les informations que l'on va te donner sur la France et marque-les :***

Frankreich hat eine Bevölkerung von .... Einwohnern.

Die .... ist ....

Hier wohnen ca.* .... Millionen Einwohner.

In Frankreich .... man ....

Die wichtigsten .... sind: .... , ... und ....

* ca. (circa) = à peu près

17. Wie viel Uhr ist es?

Objectifs : comprendre et donner l'heure (2) ; les mois et saisons

1. ***À quelle heure commence l'émission ?***
Voici une page de programme de la télévision allemande.
Écoute de quelle émission il s'agit et marque l'heure annoncée :

SA 10. Mai	Abend			**TV-Zeit!**
DAS ERSTE	ZDF	RTL	SAT.1	arte
19.05 Das Glücksrad	19.00 heute	19.05 Das perfekte Dinner	19.20 Meine Familie *Doku-Soap*	19.30 Reise nach Nepal
20.00 Tagesschau	20.15 Doktor Braun *Fernsehfilm*	20.15 Rocky I *USA 1976*	20.15 The Mentalist *Mord in NYC*	20.15 Die Provence *Dokumentation*
20.15 Sportschau	21.55 heute-journal	22.15 Terminator *USA 1984*	21.15 Derrick *Tod in Bonn*	21.15 Österreich *Die Berge*
21.15 Frau ohne Kopf *Kriminalfilm*	22.10 Musik: *die Charts*	0.15 Nachtjournal	21.45 Anna *Fernsehfilm*	22.15 Tiger in Indien *Dokumentation*
22.45 Tagesschau	23.00 Fußball *die Highlights*	0.30 Pirat der Karibik *Johnny Depp*	23.15 FBI *Wo ist Susan?*	22.45 Zapping *Clips*
23.05 Wetterkarte	0.15 Sportnacht	02.30 Rabbi Jacob *Louis de Funès*	0.10 The Closer *Panik in LA*	23.45 Lili Marleen *Porträt*

a. *Das Nachtjournal* auf **RTL** beginnt um [null Uhr fünfzehn] *0.15 Uhr.*

b. .... auf **SAT 1** beginnt um ....

c. .... im **Ersten** beginnt um ....

d. .... im **ZDF** beginnt um ....

e. .... auf **RTL** beginnt um ....

f. .... in **arte** beginnt um ....

2. ***Combine les horaires de travail avec leur métier :***

a. **Meine Arbeit beginnt ...**	... von 7 Uhr bis 15 Uhr.	Ich bin Nachtschwester. *(l'infirmière de nuit)*
b. Ich arbeite ...	... von 8 Uhr bis 13 Uhr.	**Ich arbeite für eine Bank.**
c. Heute arbeite ich ...	**... um 8.30 Uhr.**	Ich bin Lehrer.
d. Ich beginne ...	... von 11 Uhr bis 19 Uhr.	Ich bin Briefträger. *(le facteur)*
e. Ich arbeite ...	... um 20 Uhr.	Ich bin Kellnerin. *(la serveuse)*

Quelle heure est-il ? – Wie viel Uhr ist es?

	15 Uhr	Es ist fünfzehn Uhr. / Es ist drei (Uhr).
	15:15	Es ist **viertel nach** drei. *"Il est (un) quart après trois (heures)."*
	15:30	Es ist **halb** vier. *A partir de la demi-heure, on regarde la nouvelle heure à venir : "(la) moitié de quatre".*
	15:45	Es ist **viertel vor** vier. *"Il est (un) quart avant quatre (heures)".*

L'heure s'exprime de deux manières en allemand :

<u>22.15h</u>

1. L'heure "officielle" :
zweiundzwanzig Uhr fünfzehn

2. L'heure "parlée":
viertel nach zehn
(beaucoup plus courant)

3. *Quelle heure correspond à quelle activité ?*

a. Es ist schon halb fünf! Ich muss noch auf die Bank! Ich möchte einkaufen und habe kein Geld mehr.

b. Viertel vor neun! Ihr müsst jetzt ins Bett! Morgen ist Montag und ihr müsst in die Schule gehen.

c. Es ist zehn. Ich will noch nicht nach Hause gehen. Wir können ein Eis essen gehen. Ich kenne ein gutes Eiscafé.

d. Es ist viertel nach zwölf. Papa kommt gleich. Ich mache jetzt das Essen. Es gibt heute Spaghetti mit Tomatensoße.

e. Es ist schon viertel vor acht Kinder! Die Schule beginnt in fünfzehn Minuten. Ihr müsst jetzt gehen!

f. Jetzt ist es schon viertel nach elf und ich kann nicht schlafen. Ich muss noch ein bisschen lesen.

1. 

2. 

3. 

4. 

5. 

6. 

4. *Écoute les propositions et coche l'heure exacte :*

a. ☐ 18.30 Uhr ☐ 17.30 Uhr ☐ 16.30 Uhr

b. ☐ 16.45 Uhr ☐ 18.45 Uhr ☐ 20.45 Uhr

c. ☐ 15.30 Uhr ☐ 15.15 Uhr ☐ 15.45 Uhr

d. ☐ 07.30 Uhr ☐ 06.30 Uhr ☐ 08.30 Uhr

5. ***Passons maintenant au douze mois de l'année. Sais-tu les reconnaître ?***

a. TREMBESEP → September

b. MIA → ....

c. REBOKTO → ....

d. LUIJ → ....

e. JURNAA → ....

f. VOMBERNE → ....

g. REZDEBEM → ....

h. AUSTUG → ....

i. B EFRARU → ....

j. RÄMZ → ....

k. JUIN → ....

l. LIRPA → ....

6. ***Range les activités ci-dessous selon la saison appropriée :***

der Frühling	der Sommer	der Herbst	der Winter

/ / / / /	/**d** / / / /	/ / / / /	/ / / / /

a Ski fahren in den Bergen *faire du ski à la montagne*

b Ostereier suchen *chercher des œufs de Pâques*

c das Laub aufsammeln *ramasser les feuilles mortes*

d ~~Eis essen~~ *manger une glace*

e im Sand liegen *être allongé dans le sable*

f im Meer baden *se baigner dans la mer*

g Schlitten fahren *faire de la luge*

h Äpfel pflücken *cueillir des pommes*

i Nüsse sammeln *ramasser des noix*

j den Garten vorbereiten *préparer le jardin*

k die ersten Erdbeeren essen *manger les premières fraises*

l im Schnee spazieren gehen *se promener dans la neige*

m Drachen fliegen lassen *faire voler des cerfs-volants*

n Würstchen grillen *griller des saucisses*

o die dicken Pullover wegräumen *ranger les gros pulls*

p einen Schneemann machen *faire un bonhomme de neige*

7. ***Pêle-mêle – Quelle est la pièce qui manque ?***

a. Um wie viel .... beginnt der Film im ZDF?

b. Mehmet arbeitet .... acht bis fünf.

c. Wir sagen 20.30 Uhr oder ....

d. Am 25. .... ist Weihnachten.

e. Im .... fliegen wir in die Türkei.

f. .... Uhr ist es? Es ist viertel nach drei.

VON

WIE VIEL

SOMMER

UHR

HALB NEUN

DEZEMBER

18. Wir hatten Spaß

Objectifs :
le prétérit du verbe haben. Écrire une carte de vœux.

Découvrons quelques expressions avec le verbe* haben *en allemand :

- Spaß haben — *s'amuser*
- Hunger haben — *avoir faim*
- es gut haben — *avoir de la chance*
- es satt haben — *en avoir ras-le-bol*
- keinen Bock haben auf — *ne pas avoir envie de*
- die Nase voll haben — *en avoir assez [avoir le nez plein]*
- einen Vogel haben — *ne pas tourner rond [avoir un oiseau]*
- einen Frosch im Hals haben — *avoir un chat dans la gorge [une grenouille]*
- weder Hand noch Fuß haben — *avoir ni queue ni tête [ni main ni pied]*
- Tomaten auf den Augen haben — *ne rien voir [avoir des tomates sur les yeux]*

1. ***Quelle est la bonne expression à utiliser dans ces phrases ?***

a. Ich habe heute keinen Bock, in die Schule zu gehen.

b. Thomas kann nicht gut sprechen, er hat einen ....

c. Wir möchten eine Currywurst essen. Wir haben ....

d. Was? Du siehst den roten Porsche nicht? Du hast ....

e. Gregory hat es .... Er will nicht mehr in die Schule gehen!

f. Du hast es .... ! Du hast ein Fahrrad für deinen Geburtstag.

g. Bärbel hat die .... Sie will nicht mehr arbeiten!

h. Ich verstehe nichts! Der Text hat ....

2. *Relie les deux colonnes pour obtenir une phrase correcte – (parfois tu as plusieurs possibilités) :*

a. Ich	hattet viel Spaß bei Ulli.
b. Herr Klein	hatte gestern Geburtstag.
c. Ihr	hatten viel Arbeit.
d. Die Kinder	hatte einen Unfall. *(l'accident)*
e. Wir	hatte einen englischen Freund.
f. Du	hatten einen schönen Tag.
g. Marina	hattest eine E-Mail von Alex.

Le prétérit du verbe <u>haben</u>

ich hatte
du hattest
er hatte
wir hatten
ihr hattet
sie hatten

Le prétérit en allemand est surtout utilisé pour la langue écrite, pour les verbes haben et sein, *ainsi que pour les verbes de modalité.*
En général, on ne distingue pas entre "imparfait" et "passé composé" en allemand. "J'avais" ou "j'ai eu" peuvent se traduire par :
Ich hatte.

3. *Être ou avoir ? Quel est le verbe au prétérit qui manque ?*

a. Mein Vater kommt heute spät nach Hause. Er .... viel Arbeit im Büro.

b. Tanja .... gestern in Berlin. Sie .... einen Termin mit Doktor Braun.

c. Die Kinder .... die Nase voll: immer Spinat! Das .... zu viel!

d. Im Sommer .... wir in Spanien. Wir .... gutes Wetter.

e. Ich .... vorgestern im Kino. Aber der Film .... nicht gut!

f. Wer .... das? Ich glaube, das .... Frau Metzger.

g. Du .... Glück; dein Bus ist noch hier.

h. Wir .... fünfzehn Schüler in einer Klasse.

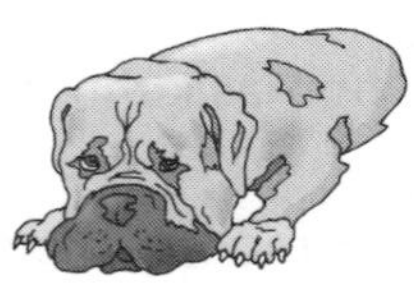

i. Familie Pohl .... einen Hund. Es .... ein Boxer.

j. Der Mann .... einen alten Peugeot 206.

spät : *tard*	nach Hause kommen : *rentrer (chez soi)*
der Termin : *le rendez-vous*	der Spinat : *les épinards*
zu viel : *trop*	vorgestern : *avant-hier*

4. ***Où étaient-ils ? –* Wo waren sie?**
Associe chaque phrase à son image :

a. Mein Vater war für seine Arbeit in Berlin.

b. Susanne war für die Sommerferien in Griechenland.

c. Meine Eltern waren letztes Jahr in Thailand.

d. Oma und Opa waren im April in Venedig.

e. Du warst mit Thomy in London.

f. Die Schulklasse war drei Tage in Paris.

g. Ihr wart mit Freunden in der Türkei.

1

2

3

4

5

6

7

5. ***Un peu de lecture ! Écoute les petits textes et lis-les à ton tour à haute voix :***

a. **Der Geburtstag** *(l'anniversaire)*

Clara hatte gestern Geburtstag. Wir waren dort. Es war sehr lustig. Clara hatte einen großen Kuchen. Er war lecker! Wir waren zehn Kinder. Es war super. Wir hatten viel Spaß!

Herzlichen Glückwunsch zum Geburtstag!

b. **Die Hochzeit** *(le mariage)*

Das war der schönste Tag für Alex und Lena. Sie hatten eine tolle Feier mit 70 Personen! Das Essen war super. Sie hatten viele Geschenke. Auch ihre Freunde aus Paris waren da.

Herzliche Glückwünsche zur Vermählung!

c. **Weihnachten** *(Noël)*

Dieses Jahr war Weihnachten wunderbar. Ich hatte viele Geschenke und wir hatten Schnee! Wir waren zehn Personen und hatten ein leckeres Essen. Auch Tante Emmi aus Bayern war da.

Frohe Weihnachten!

d. **Ostern** *(Pâques)*

Ostern war wie immer sehr schön. Wir hatten gutes Wetter! Am Ostersonntag hatte ich am Morgen zehn bunte Ostereier. Am Ostermontag waren wir mit Opa und Oma im Restaurant.

Frohe Ostern!

lustig : *marrant*	lecker : *qui a du bon goût*
die Feier : *la fête*	das Geschenk : *le cadeau*
wunderbar : *merveilleux*	der Schnee : *la neige*
Bayern : *la Bavière*	bunt : *multicolore*
das Osterei : *l'œuf de Pâques*	

der Geburtstag

die Hochzeit

Weihnachten

Ostern

6. ***Écris une carte de vœux pour chacune de ces occasions. Voici un exemple :***

a. Dein Freund Sebastian hat morgen Geburtstag:

Lieber Sebastian!

Herzlichen Glückwunsch zum Geburtstag!

Ich hoffe, du hast viele Geschenke!

Machst du eine Feier?

Viele Grüße,

dein Freund Axel

b. Ines und Lukas heiraten am Samstag:

c. Bald ist Weihnachten und du möchtest Oma und Opa eine Karte schreiben:

19. Ich komme mit dem Zug

Objectifs :
le datif ; les prépositions
bei, mit *et* von *;*
les moyens de transport

der Zug (¨-e) *ou* die Bahn (en)	*le train*	
der Bus (-se) der Reisebus	*le bus ; le car*	
das Flugzeug (-e)	*l'avion*	
das Schiff (-e)	*le bateau*	
der PKW (-s) der Personenkraftwagen	*la voiture particulière ; VP*	
der LKW (-s) der Lastkraftwagen	*le camion ; PL*	
das Motorrad (¨-er)	*la moto*	
die U-Bahn (-en) die Untergrundbahn	*le métro*	
die Straßenbahn (-en)	*le tramway*	

1. ***De quel moyen de transport s'agit-il ?***

a. Der *ICE* ist der deutsche *TGV*. Er ist ein ....

b. Mika nimmt sein .... und fährt nach München.

c. Der A380 ist das größte *(le plus grand)* ....

d. Die .... ist weder U-Bahn noch Bus! *(ni ...ni)*

e. Mein Vater transportiert Obst und Gemüse. Er fährt einen ....

f. Zwischen *(entre)* Nizza und Korsika fahren jeden Tag große ....

g. Der Toyota Yaris ist ein kleiner ....

h. Das Ticket für den .... kostet 1,80 Euros.

i. London hat die älteste *(le plus vieux)* .... von Europa.

Après ces trois prépositions <u>bei</u> – <u>mit</u> – <u>von</u>, l'article qui suit se décline au DATIF !

<u>bei</u> : chez – lorsqu'on se trouve chez quelqu'un – sans déplacement

<u>mit</u> : avec ***<u>von</u> (de ; de la part de)***

2. ***Quelle préposition n'est pas à sa place ?***

von

bei

mit

a. Heute Abend gehe ich bei / mit einem Freund ins Kino.

b. Mario ist 18 Jahre alt und wohnt von / bei seinen Eltern.

c. Ich möchte einen Kaffee von / mit Milch und Zucker, bitte.

d. Das neue Videospiel ist ein Geschenk mit / von meiner Tante.

e. Die Kinder bleiben am Samstag bei / von den Großeltern.

f. Mein Vater kommt von / mit einer Reise nach Hong Kong.

g. Am Sonntag gehen die Eltern mit / bei den Kindern in den Zoo.

3. ***Donne la bonne déclinaison au datif :***

a. Mein Vater muss nach London, er fliegt mit d........... Flugzeug.

b. Die Post bringt mir ein Brief von mein.......... Oma.

c. Nimmst du den Wagen oder fährst du mit d.......... Bus?

d. Meine Schwester war gestern bei ein.......... Freundin.

e. Viele Waren *(marchandises)* kommen mit d.......... LKW.

f. Im Sommer fahre ich mit mein.......... Eltern nach Italien.

g. Die Bananen aus Costa Rica kommen mit d.......... Schiff.

Rappel des déclinaisons

Article défini :

	masculin	***féminin***	***neutre***	***pluriel***
NOMINATIF	der	die	das	die
ACCUSATIF	den	die	das	die
DATIF	**dem**	**der**	**dem**	**den**

Article indéfini :

	masculin	***féminin***	***neutre***	***pluriel***
NOMINATIF	ein	eine	ein	---
ACCUSATIF	einen	eine	ein	---
DATIF	**einem**	**einer**	**einem**	**---**

4. ***Retrouve la fin de la phrase. Attention aux déclinaisons !***
Il n'y a qu'une seule possibilité !

RAPPEL !
Quand il s'agit du sujet, et après le verbe "être" :
NOMINATIF
Le COD (complément d'objet direct) et après <u>für</u> :
ACCUSATIF
Après <u>bei</u>, <u>mit</u> et <u>von</u> :
DATIF

a. Paul wohnt bei •	• ein schneller Zug.
b. Meine Eltern kaufen heute •	• ein Junge aus Hamburg.
c. Der TGV in Frankreich ist •	• einen neuen Wagen.
d. Ich hatte eine E-Mail •	• für meinen Mann.
e. Mein Motorrad ist im Winter •	• mit der Straßenbahn zur Arbeit.
f. Angela fährt mit einem Freund •	• seinem Vater.
g. Mein Name ist Till und ich bin •	• von meiner Freundin in Paris.
h. Direktor Ganz fährt jeden Tag •	• bei meinen Eltern in der Garage.
i. Hallo, ich möchte •	• ein Eis mit Schokoladensoße.
j. Ich suche eine Krawatte •	• im Sommer nach Rom.

5. ***Herr Blau est encore distrait ! Il écrit une lettre à une amie – mais il a fait cinq erreurs... Peux-tu les trouver ?***

Liebe Corinna !

Ich fahre heute nach München. München ist die Hauptstadt von Deutschland. Ich fliege mit dem Zug. In München wohne ich bei meiner Tante. Sie ist fünfhundert Jahre alt. Am Abend gehen wir in ein Restaurant und essen Bier. Jetzt ist es dreizehn Uhr.

Gute Nacht, Dein Karl Blau

6. ***Attribue les cartes de visite à la bonne personne :***

a. Ich arbeite bei der Lufthansa. Ich fliege in einem Flugzeug.

b. Ich fahre mit meinem LKW oft nach Spanien und nach Italien.

c. Ich kontrolliere die Fahrkarten. Ich arbeite bei der Deutschen Bahn.

d. Ich kenne die großen Häfen von Asien, von Afrika und von Europa.

e. Ich bringe die Passagiere von einem Platz zu einem anderen. Die Fahrt dauert fünf Minuten, 15 Minuten, oder eine halbe Stunde.

7. ***Écoute le texte suivant et essaye de trouver la signification des mots en gras :***

Die deutsche Autobahn

In Deutschland sind die Autobahnen **kostenlos**. Nur LKWs müssen eine **Maut** bezahlen. Auf den deutschen Autobahnen gibt es kein Tempolimit. Das heißt, man kann so schnell fahren, wie man will. Oder wie man kann! Es gibt viel mehr **Verkehr** als in Frankreich und es gibt immer **Staus**. Viele Autobahnen sind sehr alt und müssen erneuert werden, darum gibt es oft **Baustellen**. Deutschlands längste Autobahn ist die A7. Sie ist über 900 km lang und geht von Flensburg in Norddeutschland nach Füssen in Bayern. Natürlich findet man auch hier **Tankstellen** und Parkplätze zum Ausruhen.

a. **kostenlos**	☐ *cher*	☐ *gratuit*	☐ *en mauvais état*
b. **die Maut**	☐ *péage*	☐ *l'essence*	☐ *la taxe*
c. **der Verkehr**	☐ *air d'autoroute*	☐ *panneau*	☐ *trafic*
d. **der Stau**	☐ *bouchon*	☐ *fermeture*	☐ *sortie*
e. **die Baustelle**	☐ *trou*	☐ *chantier*	☐ *arbre*
f. **die Tankstelle**	☐ *échangeur*	☐ *entrée d'autoroute*	☐ *station de service*

20. Was wirst du machen?

Objectifs :
le futur ;
le complément de temps ; mes préférés

Pour terminer, nous allons examiner un verbe *<u>très</u>* *important pour la grammaire allemande :* werden.
En effet, ce verbe ne se traduit pas seulement par "devenir", mais sert aussi comme verbe auxiliaire pour former le futur, que nous allons découvrir dans ce chapitre.
Par ailleurs, werden *a la notion de "commencer à..." :*

Ich werde verrückt! → *Je commence à devenir fou !*

werden

ich werde – du wirst – er wird / wir werden – ihr werdet – sie werden

1. *Qu'est-ce que tu entends ?*

a. Ludovic ☐ wird Lehrer.
Ludovic ☐ wird Maurer. *(maçon)*

b. Werdet ihr ☐ hungrig?
Werdet ihr ☐ traurig? *(triste)*

c. Wirst du ☐ neugierig? *(curieux)*
Wirst du ☐ glücklich?

d. Werden die Kinder ☐ krank?
Werden die Kinder ☐ brav *(sage)*

2. *Trouve la suite de la phrase :*

a. Der junge Prinz ...	... werde verrückt!
b. Die Kinder ...	... werden groß.
c. Mein Sohn, du ...	... werden reich!
d. Dein Kaffee ...	... wirst ein Mann!
e. Wir spielen Lotto, wir ...	... werdet dick (gros)!
f. Ihr esst zu viel Pizza, ihr ...	... wird König.
g. Ich verstehe nichts, ich ...	... wird kalt.

3. **Der Kalender – *le calendrier. Quelle est la bonne date ? Attention : il faut réfléchir….***

a. Heute ist Mittwoch, der 3. August. → Mittwoch 3. August

b. Morgen ist …

c. Übermorgen ist … *(après demain)*

d. Nächste Woche ist …

e. Nächsten Monat ist … *(le mois prochain)*

f. Nächstes Jahr ist … *(l'année prochaine)*

- **Mittwoch 3. August**
- **Mittwoch 10. August**
- **Mittwoch 8. September**
- **Mittwoch 4. August**
- **Donnerstag 4. August**
- **Freitag 5. August**

> ***La "notion" du futur***
> *En allemand, le futur peut s'exprimer par le présent – surtout si le complément de temps est utilisé dans la phrase :*
> Morgen gehe ich in die Stadt. → *Demain je vais en ville.*

4. ***Histoire de bulles… Quelle bulle pour quelle phrase ? Il n'y a qu'une seule combinaison possible !***

a. Meine Mutter geht übermorgen… → zum Friseur

b. Tinas Schule feiert nächste Woche…

c. Wir wollen nächsten Monat Onkel Herbert…

d. Herr und Frau Walther kaufen nächstes Jahr…

e. Ich bleibe heute Abend einfach…

f. Was möchtet ihr morgen…

g. Machst du nächsten Monat…

- für das Frühstück?
- das Abi? *(le bac)*
- zu Hause
- zum Friseur
- in Stuttgart besuchen
- ein Haus in der Normandie
- 100 Jahre Jubiläum *(fêter) le centenaire*

5. ***Demande ce qu'ils vont faire :***

a. Oliver geht ins Kino. → sehen

Was wird er sehen?

b. Helen geht ins Restaurant. → essen

....

c. Die Kinder haben Ferien. → machen

....

d. Ihr geht in den Supermarkt. → kaufen

....

e. Du bist auf einer Party. → trinken

....

f. Ich habe eine Karte für meine Tante Hilde. → schreiben

....

> ***Le futur***
>
> ***Pour exprimer le futur en allemand, il n'y a qu'une possibilité :***
>
> **"werden" + *infinitif*.**
>
> ***J'irai à l'école.***
> ***ou***
> ***Je vais aller à l'école***
> **=**
> **Ich werde in die Schule gehen.**

6. ***Que de bonnes résolutions ! Que vas-tu faire ?***

- ☐ Ich werde nächsten Monat eine Reise nach Mexiko machen.
- ☐ Ich werde regelmäßig mein Zimmer aufräumen *(ranger)*.
- ☐ Ich werde einen Hund kaufen.
- ☐ Ich werde viel für die Schule arbeiten.

- ☐ Ich werde in der Schule brav sein.
- ☐ Ich werde immer meinen Brokkoli essen.
- ☐ Ich werde immer alten Leuten helfen.
- ☐ Ich werde nicht mehr so viel Eis essen.
- ☐ Ich werde eine Reise mit dem Flugzeug machen.

- ☐ Ich werde meine Schwester / meinen Bruder nicht mehr ärgern *(taquiner)*.
- ☐ Ich werde nächstes Jahr besser Deutsch sprechen.

7.* Herr Blau *a voulu nous dire ses préférés. Il sait que c'est très facile en allemand : il suffit de prendre le préfixe* Lieblings-. *Mais une fois de plus, il s'est trompé ! Aide-le à remettre de l'ordre :

Exemple : die Farbe = *la couleur* → *la couleur préférée* = die **Lieblings**farbe

a. Herr Blaus **Lieblingsfarbe** ist Louis de Funès.

b. Herr Blaus **Lieblingssängerin** ist Harry Potter.

c. Herr Blaus **Lieblingsschauspieler** ist Spaghetti.

d. Herr Blaus **Lieblingsessen** ist Lady Gaga.

e. Herr Blaus **Lieblingsbuch** ist Johnny Halliday.

f. Herr Blaus **Lieblingssänger** ist rot.

> die Farbe: *la couleur*
> der Sänger: *le chanteur*
> die Sängerin: *la chanteuse*
> der Schauspieler: *l'acteur*
> die Schauspielerin: *l'actrice*

a. Herr Blaus Lieblingsfarbe ist rot.

8. À toi de nous dire quels sont tes préférés :
(pour t'aider, nous te proposons quelques mots)

schwarz – *noir*
blau – *bleu*
rot – *rouge*
lila – *mauve*
gelb – *jaune*
grün – *vert*
braun – *marron*
weiß – *blanc*

Hähnchen **(nt)** – *poulet*
Fischstäbchen **(pl)** – *bâtonnets de poisson*
vegetarisch – *végétarien*
Hacksteak **(nt)** – *steak haché*
Reis **(m)** – *riz*

a. Meine Lieblingsfarbe ist:

....

b. Mein Lieblingssänger ist:

....

c. Meine Lieblingssängerin ist:

....

d. Mein Lieblingsessen ist:

....

e. Mein Lieblingsschauspieler ist:

....

f. Meine Lieblingsschauspielerin ist:

....

g. Mein Lieblingsbuch ist:

....

h. Mein Lieblingslehrer und meine Lieblingslehrerin sind:

....

Corrigés

Chapitre 1 (1)

1) *a.* Ich bin ein Junge / Ich bin klein / Ich bin dumm ... *b.* Du bist ein Junge / Du bist dumm / Du bist ein Mädchen ... *c.* Jean-Paul ist ein Junge / Jean-Paul ist dumm / Jean-Paul ist sympathisch ...
d. Marianne ist ein Mädchen / Marianne ist in Deutschland / Marianne ist klein ... *e.* Berlin ist in Deutschland / Berlin ist groß *f.* Das Baby ist klein / Das Baby ist ein Junge / Das Baby ist ein Mädchen *g.* Ihr seid in Deutschland / Ihr seid groß / Ihr seid dumm ... *h.* Die Kinder sind Max und Anna / Die Kinder sind in Deutschland ... *i.* Wir sind in Deutschland / Wir sind Max und Anna / Wir sind in Paris.
2) *a.* Wir sind glücklich! *b.* Ich bin dran *c.* Er ist sauer! *d.* Bist du verliebt? *e.* Es ist aus! *f.* Seid ihr krank? *g.* Sie sind verheiratet. **3)** *a.* Jean-Pascal→ Paris *b.* Svetlana → Moskau *c.* Pedro → Barcelona *d.* Hans-Peter → Berlin *e.* Djamel → Casablanca *f.* Laura → Rom *g.* Mehmet → Istanbul *h.* Liling → Beijing. James → London **4)** *a.* sagt *b.* bin *c.* wohnt *d.* trinkt *e.* sagst *f.* machen *g.* bist
h. macht *i.* bleibe *j.* seid *k.* gehen **5)** *b.* Die Kinder-sind *c.* wohnt-Berlin. *d.* Baby-klein. *e.* bin-neu *f.* wohnst-auch *g.* Junge-Paris. **6)** *a.* komme *b.* kommst *c.* komme *d.* kommen *e.* kommen *f.* ist *g.* ist **7)** *a.* woher *b.* wo *c.* woher *d.* wo *e.* woher **8)** *b.* München *c.* Köln *d.* Hamburg
e. Berlin *f.* Essen

Chapitre 1 (2)

1) *a.* Sie heißt Lisa. *b.* Er heißt Bill. *c.* Sie heißen Tom & Pit. **2)** Der Junge: Thomas / Deutschland / Berlin - Das Mädchen: Brigitte / Frankreich / Paris **3)** *Prénoms masculins:* Felix, Tim, Bernd, Luca, Niklas, Jonas, Jürgen, Sven *Prénoms féminins:* Emily, Lisa, Laura, Lea, Leonie, Mina

Chapitre 2

1) der *(masc.)*: Junge; Wagen; Hund; Computer; Mann - **die** *(fém.)*: Frau; die Musik; Katze; Maus ; Milch; Sonne - **das** *(neut.)* : Restaurant; Kind; Mädchen; Haus; Handy; Baby; Bett - **die** *(pluriel)* : Kinder; Radios **2)** *masculin:* ein Junge / ein Wagen / ein Hund / ein Computer / ein Mann
féminin: eine Frau / eine Musik / eine Katze / eine Maus / eine Milch /eine Sonne *neutre:* ein Restaurant / ein Kind / ein Mädchen / ein Haus / ein Handy / ein Baby / ein Bett / *pluriel:* Kinder / Radios **3)** 1. Radio / 2. Sonne / 3. Katze / 4. Wagen / 5. Musik / 6.Kind / 7. Junge / 8. Frau → der COMPUTER **4)** eine Tastatur / ein Drucker / eine E-Mail / eine Maus / ein Laptop / ein Bildschirm / ein Kabel **5)** *a.* hat *b.* hast *c.* haben *d.* Habt *e.* haben *f.* hat *g.* habe **6)** *a.* Hund *b.* Katze *c.* ein Handy *d.* wohnt *e.* der Bus *f.* trinken **8)** *a.* hat einen Hund *b.* hast ein Radio. *c.* wohnen in Paris. *d.* heiße Sebastian. *e.* heißt Paul und Susanne. *f.* ist lea@kabel.de **10)** 1: die Konfitüre 2: der Salat 3: das Monument 4: Deutschland 5: der Champignon 6: das Baguette 7: die Spezialität 8: das Omelette 9: das Souvenir 10: das T-Shirt

Chapitre 3

1) *a.* Morgen *b.* Gute Nacht *c.* Guten Abend *d.* Guten Tag **2)** *b.* Guten Morgen, Frau Kehl.
c. Guten Abend, Frau Hut. *d.* Gute Nacht, Herr Berg. **3)** der Morgen / der Tag / der Abend / die Nacht **4)** *b.* Was trinken Sie? *c.* Wo wohnen Sie? *d.* Wie heißen Sie? *e.* Haben Sie einen Hund?
f. Wer sind Sie? **5)** *b.* Machen Sie ein Picknick? *c.* Singen Sie ein Lied? *d.* Lesen Sie die Zeitung?
e. Gehen Sie ins Restaurant? *f.* Trinken Sie Tee? **6)** *a.* Herr N'Bongo ist Arzt. *b.* Frau Rose ist Polizistin. *c.* Frau Blum ist Ärztin. *d.* Herr Klein ist Lehrer. *e.* Frau Dirk ist Lehrerin. *f.* Herr Berg ist Polizist. **7)** *b.* die Journalistin *c.* die Optikerin *d.* die Busfahrerin *e.* die Ingenieurin *f.* die Pilotin *g.* die Ministerin *h.* die Lehrerin **8)** Wo wohnst du? Ich wohne in Berlin. / Was machst du? Ich trinke Milch. *ou* Was sagst du? Ich sage "Guten Tag". / Wie heißt du? Ich heiße Gaby. / Was machst du? Ich trinke Milch. *ou* Was sagst du? Ich sage "Guten Tag". **9)** *a.* politesse *b.* tutoiement *c.* tutoiement *d.* politesse *e.* politesse *f.* tutoiement **10)** Deutschland / Omelette / Restaurant / Zeitung / Monument / Champignon / Spezialität **12)** Wie heißen Sie? / Wo wohnen Sie? / Wo ist Paris? / Wer sind Sie?

Chapitre 4

2) *a.* Ronaldo *b.* Lady Gaga *c.* Tokio Hotel *d.* Johnny Depp *e.* King Kong **4)** *exemples: a.* das Haus *b.* der Morgen *c.* die Zeitung *d.* der Junge *f.* der Abend *g.* die Ärztin *h.* das Bett *i.* der Lehrer
j. der Hund *k.* die Frau *l.* die E-Mail *a.* wohnen **5)** *voir à la fin des solutions* **6)** *a.* MAUS *b.* RESTAURANT *c.* BUS *d.* WOHNEN *e.* PARIS *f.* MACHEN *g.* RADIO *h.* HANDY *i.* HEIßEN **7)** *a.* Architekt *b.* Abend *c.* Deutschland *d* Pilot *e.* Salat *f.* Ingenieur *g.* Handy *h.* Computer *i.* Haus *j.* Kinder *k.* Musik **8)** heiße Felix / VOGLER / Journalist / Zeitung / heißt / wohne / Deutschland / Katze / Pussy / klein / Computer / E-Mail / Was **9)** *b.* sie *c.* er *d.* sie *e.* er *f.* es *g.* er *h.* sie *(pl)*

i. sie **10)** a. Er heißt Rex. *c.* Er ist Kommissar Derrick. *d.* Sie machen Musik. *e.* Es ist in Paris. f. Sie hat ein Handy. g. Er hat eine Maus. **11)** *a.* die Katze *b.* die Kinder *c.* der Wagen *d.* die Ärztin
e. der Präsident *f.* die Lehrerin

Chapitre 5 (1)

2) *b.* acht *c.* elf *d.* zehn *e.* sechzehn *f.* vierzehn *g.* dreizehn *h.* neun *i.* zwölf *j.* drei **3)** *a.* sieben *b.* zehn *c.* drei *d.* sieben **4)** *a.* dreizehn *b.* neunzehn *c.* zwölf d. elf *e.* fünfzehn *f.* zehn
g. sechzehn *h.* siebzehn **5)** *b.* Marie ist 13 *(ou)* 25. *c.* Lukas und Tim sind 14 Jahre alt *(ou)* 13; 25.
d. Wie alt bist du? *(ou)* ist Thomas? *e.* Ich bin 13 *(ou)* 14 Jahre alt. *f.* Wie alt bist du? **6)** *a.* elf *b.* drei *c.* sechzehn **8)** *a.* 24 Stunden *b.* 7 Tage *c.* 4 Wochen *d.* 52 Wochen *e.* 31Tage *f.* 14 Tage
9) *b.* 00.49+ 68.09.45.17 *c.* 06.65.76.23.39 *d.* 53.64.98.12 **10)** *b.* 550 km *c.* 41 km *d.* 311 km *e.* 629 km *f.* 291 km *g.* 1059 km *h.* 730 km

Chapitre 5 (2)

1) b. 93 Cents c. 1,88 € d. 4,26 € e. 67 Cents f. 2,35 €
2) b. Um neunzehn Uhr machen Mama und Papa das Abendessen. / c. Frau Ruth macht um zwölf Uhr das Mittagessen. / d. Um fünfzehn Uhr machen die Kinder die Hausaufgaben. / e. Um einundzwanzig Uhr geht Tim ins Bett. / f. Es ist siebzehn Uhr dreißig; Papa kommt nach Hause. / g. Um achtzehn Uhr telefoniert Tim mit Alex. / h. Die Schüler machen um zehn Uhr dreißig Pause.
3) Um 8.30 Uhr gehe ich in die Schule. / Um 10 Uhr mache ich eine Pause und esse einen Apfel. / Um 12.30 Uhr esse ich zu Mittag. / Um 15 Uhr gehe ich in das Fitness-Center. / Um 17 Uhr telefoniere ich mit Papa. / Um 17.30 Uhr schicke ich Axel eine E-Mail. / Um 18.30 Uhr esse ich einen Hamburger. / Um 21 Uhr gehe ich ins Bett.

Chapitre 6

1) *a.* nimmt *b.* nehmt *c.* nehme *d.* nehmen *e.* nimmst *f.* nehmen **2)** *a.* du isst *b.* er schläft
c. sie sieht *d.* du fährst *e.* es gibt *f.* sie fängt **3)** *b.* (lesen) liest *c.* (schlafen) schläft *d.* (sehen) siehst *e.* (tragen) trägst *f.* (sprechen) spricht *g.* (fangen) fängt *h.* (fahren) fährt *i.* (treffen) trifft **4)** a. *le tableau* b. *le cartable* c. *le stylo plume* d. *le crayon* e. *la trousse* f. *la gomme* g. *la règle* h. *les devoirs* *i. la classe* **5)** *a.* Geht *b.* Schreibt *c.* Nehmt *d.* Trinkt *e.* Macht **6)** *a.* Geht ins Restaurant *b.*3. Nehmt den Radiergummi! *c.*8. Lest das Buch! *d.*2. Esst die Bananen! *e.*5. Fangt die Maus! *f.*10. Spielt Fußball! *g.*4. Geht an die Tafel! *h.*6. Fahrt den Wagen! *i.*12. Schreibt eine E-Mail! *j.*11. Trinkt die Limonade! *k.*9.Geht ins Bett! *l.*7. Nehmt die Schultasche! **7)** *a.* in das Theater! *b.* einen Film im Kino! *c.* morgen um 15 Uhr! *d.* Anne eine E-Mail! *e.* Brokkoli und Karotten! *f.* die Hausaufgaben! *g.* das Mäppchen! **8)** *a.* nimm *b.* geh *c.* komm *d.* lies *e.* trag
f. sing *g.* fang **9)** *b.* Gib das Lineal! *c.* Kommt morgen! *d.* Lies ein Buch! *e.* Macht die Aufgaben! *f.* Nimm den Wagen *ou* das Auto! *g.* Iss die Banane! *h.* Schreibt eine Karte!

Chapitre 7

1) *a.* Freitag *b.* Donnerstag *c.* Sonntag *d.* Montag *e.* Samstag *f.* Dienstag **2)** *Plusieurs combinaisons sont possibles. Voici un exemple: a.* Am Montag gehen die Kinder in die Schule.
b. Frau Bauer spielt am Dienstag Tennis. *c.* Am Mittwoch fährt Lea Bauer Fahrrad. *d.* Die Eltern machen am Donnerstag eine Party. *e.* Am Freitag geht die Familie ins Kino. *f.* Herr Bauer wäscht am Samstag das Auto. *g.* Am Sonntag schläft Tom Bauer bis 9 Uhr. **3)** *a.* richtig *b.* falsch *c.* falsch *d.* richtig *e.* richtig *f.* falsch *g.* falsch *h.* richtig *ou* falsch **4)** *a.* Montags gehe ich in die Schule
b. Abends gehe ich in das Bett *c.* Morgens trinke ich Kaffee *d.* Mittags esse ich mit Mama
e. Sonntags schlafe ich **5)** *b.* sich *c.* dich *d.* sich *e.* uns *f.* euch *g.* sich *h.* mich **6)** *Voici quelques exemples: a.* Die Kinder setzen sich in das Auto. *b.* Anne freut sich auf die Schule. *c.* Duschst du dich morgens? *d.* Die Lorelei kämmt sich die Haare. *e.* Ich lege mich ins Bett. *f.* Wascht ihr euch heute? *g.* Wir verlieben uns in die Lehrerin. *h.* Berlin befindet sich in Deutschland. **7)** *a.* befindet *b.* freue *c.* legen *d.* kämmt *e.* duschen **8)** b. Um 7 Uhr rasiert sich mein Vater. c. Abends dusche ich mich. d. Morgens kämmt sich meine Mutter. e. Heute freut sich Beatrix. f. Jetzt setze ich mich.

Chapitre 8

1) *a.* aus *b.* an *c.* aus *d.* an *e.* aus *f.* aus *g.* an **2)** *b.* Das Fenster ist auf. *c.* Die Tür ist zu. *d.* Der Supermarkt ist zu. *e.* Die Post ist auf. **3)** *b.* Frau Müller kauft heute ein. *c.* Ich mache das Licht aus. *d.* Herr Schweiger steht um 7 Uhr auf. *e.* Elke und Martina gehen am Samstag aus. *f.* Der Film fängt um 20.30 Uhr an. **4)** *b.* zu *ou* auf *c.* ein *d* auf. *e* mit *f.* aus *g.* an **5)** *b.* Komm *c.* Kauf *d.* Ruft
e. Steh *f.* Mach **6)** *a.* bereite / vor *b.* ziehst / an *c.* ruhen / aus *d.* ziehen / aus *e.* bereitet /vor
f. ruhe / aus *g.* Zieh / an **7)** *a.* an *b.* auf *c.* aus *d.* an *e.* ein *f.* mit *g.* vor *h.* aus **8)** *b.* Er zieht sich an. *c.* Sie bereiten sich für die Schule vor. *d.* Er ruft die Tante an. *e.* Du ruhst dich aus. *f.* Sie kauft ein. *g.* Wir gehen aus. **9)** *b.* Dieses *c.* Diese *d.* Dieser **10)** *a.* Diese / rot. *b.* Dieses / klein.

c. Dieser / heiß. *d.* Dieses / kalt. *e.* Diese / glücklich. *f.* Dieser / modern. *g.*Diese / gelb. **11)** *a.* rot *b.* gelb *c.* groß *d.* modern *e.* sauer

Chapitre 9

1) *a.* war *b.* warst *c.* wart *d.* war *e.* wart *f.* waren *g.* waren *h.* war *i.* war **2)** *a.* war Präsident von Frankreich. *c.* waren 1969 auf dem Mond. *d.* war im Juli 1789. *e.* waren in Versailles.
f. waren 2008 in Peking. *g.* war ein Sänger. **3)***Voici quelques possibilités:* *a.* Familie Gässer wohnt **in** Hamburg. *b.* Die Kinder fahren morgen **nach** Spanien. *c.* Am Samstag war ich **in** New York. *d.* Dieser Zug fährt **nach** Frankfurt. *e.* Der Eiffelturm ist **in** Paris. *f.* Tobias und Heidi waren **in** London. *g.* Rom ist **in** Italien. *h.* Mein Vater fährt nach Luxemburg. **4)** *a.* nach *b.* in *c.* in *d.* nach *e.* in *f.* in *g.* nach **5)** *b.* besichtige + fotografiere *c.* "Bayern München" + gehe in den *Englischen Garten* *d. Ägyptische Museum* + sehe *e.* In Köln + kaufe **6)** *b.* das Museum *c.* nach Potsdam *d.* eine Currywurst *e.* das Schloss *Sanssouci* *f.* die Mauer **7)** *a.* Italien *b.* groß *c.* Pisa *d.* Theater *e.* Eis *f.* super **8)** *Voici une possibilité:* Hallo Oliver! Berlin ist super. Das Hotel ist modern. Das Wetter ist toll! Gestern war ich in Potsdam. Am Sonntag gehe ich ins Museum. Ich fotografiere auch die Mauer. Heute esse ich eine Currywurst.

Chapitre 10

1) *b.* die *c.* einen *d.* einen *e.* das *f.* ein *g.* *(rien)* *h.* eine **2)** *a.* essen *b.* trinken *c.* kaufen *d.* gehen *e.* machen *f.* backen **3)** *Voici quelques possibilités:* *a.* Möchtet ihr einen Hamburger mit Pommes essen? *b.* Möchtest du ein Eis essen? *d.* Möchte dein vater ein Bier trinken? *e.* Möchten Sie ein Picknick machen? *f.* Möchte deine Mutter einen Kaffee trinken? **4)** *a.* Bier *b.* Sandwich *c.* Pommes *d.* Cola *e.* Schokolade *f.* Currywurst **5)** *a.* ins Kino *b.* nach Berlin *c.* anziehen *d.* Restaurant **7)** *b.* Du gehst gern ins Museum. *c.* Amanda schreibt gern SMS. *e.* Ihr geht gern ins Kino. *f.* Mehmet macht gern Aufgaben. *g.* Die Kinder trinken gern Limo. **8)** *b.* eine CD kaufen *c.* einen Wagen kaufen *d.* Bonbons kaufen *e.* eine Party machen *f.* nach Paris fahren *g.* Bücher kaufen *h.* nach Amerika fahren **9)** Vorspeisen: *b/d/a/c* Vom Schwein: *c/a/b* Vom Rind: *a/c/b* Geflügel: *b/a/c*

Chapitre 11

1) *a.*Eltern *b.* Tante *c.* Onkel *d.* Cousin *e.* Großeltern *f.* Schwester *g.* Geschwister *h.*Cousine *i.* Opa *j.* Oma **2)** *a.* Tante *b.* Bruder *c.* Schwester *d.* Eltern *e.* Tante *f.* Bruder / Schwester *g.* Vater **3)** *a.* Das ist Papas (Vaters) Wagen. *b.* Wo ist Marias Hund? *c.* Sylvias Party war super.
d. Das ist Omas Haus. *e.* Kennst du Richards Bruder? **4)** 1 *c*/ 2 *g* / 3 *f* /4 *d* / 5 *c* / 6 *b* / 7 *e* **5)** *b.* wir *c.* du *d.* meine Mutter *e.* das Baby *f.* mein Vater *g.* ihr *h.* die Kinder **6)** *b.* euer *c.* ihren *d.* unsere *e.* ihren *f.* seinen *g.* deine *h.* seine *i.* mein *j.* Ihr **7)** Eltern / Schwester / Tante / Großeltern / Mutter

Chapitre 12

1) *A toi de voir...* **2)** *b.* Schlaf nicht *c.* Fahr nicht schnell *d.* Spiel nicht mit Karten *e.* Trink nicht *f.* Geh nicht in die Schule *g.* Mach das Fenster nicht auf *h.* Mach deine Aufgaben nicht **3)** *b.* Die Kinder schlafen nicht. *c.* Ich spiele nicht. *d.* Nein, ich komme heute nicht. *e.* Du kaufst das Buch nicht. *f.* Mach deine Aufgaben nicht. *g.* Lukas isst seinen Hamburger nicht. **4)** *a.* Er will nicht spielen. *b.* Möchtest du das Buch nicht kaufen? *c.* Wollt ihr das Auto nicht sehen? *d.* Ich möchte morgen nicht kommen. **5)** *b.* Pierre kommt nicht aus Lyon. *c.* Mein Vater fährt morgen nicht nach Berlin. *d.* Die Kinder gehen nicht in die Pizzeria. *e.* Ich arbeite heute nicht für die Schule.
f. Kommst du nicht mit Thomas? **6)** *a.* Ralf macht das Fenster nicht auf. *b.* Ich ziehe meine Jeans und meinen Pulli nicht an. *c.* Es ist sieben Uhr; wir stehen nicht auf. *d.* Meine Mutter macht die Lampe nicht aus. *e.* Die Kinder machen das Buch nicht zu. **8)** *a.* kannst *b.* kann *c.* kann *d.* kann *e.* können **9)** *a.* schwimmen *b.* tanzen *c.* fotografieren *d.* surfen *e.* einen Kuchen backen *f.* schlafen *g.* telefonieren *h.* ein Eis kaufen **10)** *a.*1 / *b.* 4 / *c.* 7 / *d.* 6 / *e.* 10 / *f.* 8 / *g.* 2 / *h.* 3 / *i.* 9 / *j.* 11 / *k.* 5

Chapitre 13

1) *A toi de voir...* **2)** *b.* sie muss Eier kaufen *c.* mein Vater muss ins Büro *d.* sie müssen Deutsch lernen *e.* er muss gewinnen *f.* du musst antworten *g.* ich muss eine Banane essen **3)** Jörg und Dennis dürfen ... / Lena darf ... / Wir dürfen ... / Du darfst ... / Ihr dürft ... / Die Kinder dürfen ... / Mein Bruder darf ... **4)** wollen x 3 / müssen x 3 / können x 2 / möchten x 3 / dürfen x 3 **5)** *a.* Er möchte den Eiffelturm sehen. *b.* Er muss Französisch sprechen. *c.* Er will die *Sacré Coeur* fotografieren. *d.* Er kann nach Versailles fahren. *e.* Er muss nach Deutschland zurück. **6)** *a.* oder *b.* denn *c.* aber *d.* aber *e.* denn *f.* oder **7)** aber / oder / und *ou* oder / denn **8)** *Exemple de sms:* Hallo ....Ich will heute ins Schwimmbad oder ins Kino. Brita kommt nicht, denn sie muss für die Mathearbeit lernen. Mein Bruder hat keine Zeit, denn er geht zur Nachhilfe. Marko

Möchte kommen, aber er spielt Fußball. Schick mir eine SMS oder eine E-Mail. Bis bald ....

Chapitre 14

1) *a.* *La fille achète un nouveau cartable.* *b.* *Ce garçon est mon petit frère.* *c.* *Connais-tu cet omme?* *d.* *Ma mère boit du vin et mon père boit de la bière.* *e.* *Thomas a un frère et une sœur.* *f.* *Mon père est le directeur de la banque!* **2)** *a.* einen Wagen *ou* einen Hamburger. *b.* Katze? *ou* ein Computer? *c.* einen Hund? *ou* einen Computer? *ou* einen Wagen? *d.* dieser Junge? *ou* die Katze? *e.* du einen Wagen? *ou* einen Hund? *ou* du einen Hamburger? *f.* einen Hamburger. *ou* einen Hund. **3)** *a.* ein Bier *b.* einen Wein *c.* eine Limo *d.* einen Orangensaft *e.* einen Kaffee *f.* einen Tee. **4)** *b.* Ich habe keinen Hund. *c.* Ich habe kein Eis. *d.* Ich habe kein Fahrrad. *e.* Ich habe keine SMS. *f.* Ich habe keinen Wagen. g. Ich habe keine Ferien. **5)** *b.* kein Geld. *c.* keine Klamotten. *d.* keinen Computer. *e.* keinen Kaffee. *f.* kein Mehl. **6)** *b.* ein Bett für meine Schwester. *c.* einen Spiegel für meine Mutter. *d.* ein Regal für meinen Vater. *e.* einen Sessel für meinen Opa. *f.* einen Schreibtisch für meine Cousine. **7)** a. *le séjour* b. *la chambre* c. *la chambre des enfants* d. *la chambre d'amis* e. *la salle de bains* **8)** *a.* zwei Betten *b.* ein Wäschekorb *c.* ein Schreibtisch *d.* elf Stühle *e.* ein Sofa
f. neun Sessel

Chapitre 15

1) *a.* das Rathaus *b.* die Haltestelle *c.* die Bank *d.* die Metzgerei *e.* das Café *f.* die Apotheke *g.* die Bäckerei **3)** *b.* Sie suchen die Brücke? Gehen Sie nach rechts. *c.* Sie suchen den Park? Gehen Sie geradeaus. *d.* Sie suchen den Bahnhof? Gehen Sie nach rechts. *e.* Sie suchen das Museum? Gehen Sie nach links. **4)** *a.* 3 / *b.* 5 / *c.* 1 / *d.* 2 / *e.* 4 **5)** *a.* APOTHEKE *b.* METZGEREI *c.* das RATHAUS *d.* die BÄCKEREI *e.* HALTESTELLE **6)** *b.* das Rathaus *la maison du conseil: la mairie* / *c.* der Bahnhof *la "cour" des trains: la gare* / *d.* das Möbelhaus *la maison des meubles: le magasin de meubles* / *e.* der Marktplatz *la place du marché* / *f.* das Reisebüro *le bureau de voyages: l'agence de voyages* **7)** a. *la zone piétonne* b. *le centre-ville* c. *le grand magasin* d. *le centre commercial* e. *les remparts* f. *le building* **8)** *a.* das Eiscafé "Cortina" *b.* die Bäckerei *c.* die Fußgängerzone **9)** a. die Haltestelle *b.* das Rathaus *c.* der Parkplatz *d.* die Innenstadt *e.* das Eiscafé

Chapitre 16

1) *b.* Paris *c.* Madrid *d.* Rom *e.* London *f.* Wien *g.* Lissabon *h.* Brüssel *i.* Dublin *j.* Athen **2)** *a.* Österreich *b.* Groß-Britannien *c.* Belgien *d.* Italien *e.* Griechenland *f.* Schweiz *g.* Irland **3)** *b.* ein Portugiese *c.* der Brite *d.* eine Italienerin *e.* der Franzose *f.* ein Spanier *g.* eine Griechin **4)** *a.* Englisch *b.* Deutsch *c.* Französisch *d.* Portugiesisch *e.* Griechisch *f.* Spanisch *g.* Italienisch **5)** *a.* nach *b.* in, in *c.* in *d.* nach *e.* nach, in *f.* nach, nach **6)** *b.* nach ... *c.* in ... / *d.* nach ... / *e.* nach ...
7) DEUTSCHLAND: Deutsch /Berlin /der Deutsche / 81 Mio / Frankfurt, Hamburg, München, Düsseldorf, Stuttgart – ITALIEN: Italienisch / Rom / der Italiener / 60 Mio / Mailand *(Milan)*, Turin, Florenz, Venedig *(Venise)* – SPANIEN: Spanisch /Madrid / der Spanier / 46 Mio / Barcelona, Sevilla, Valencia **8)** 65 Millionen / Hauptstadt / Paris / 2 Millionen / spricht / Französisch /Städte / Lyon / Marseille / Bordeaux

Chapitre 17

1) *b.* Derrick / 21.15. *c.* Die Tagesschau / 22.45. *d.* Fußball / 23 Uhr. *e.* Das perfekte Dinner / 19.05. *f.* Das Porträt "Lili Marleen" / 23.45. **2)** *b.* von 7 Uhr bis 15 Uhr. / Briefträger *c.* von 11 bis 19 Uhr / Kellnerin *d.* um 20 Uhr / Nachtschwester *e.* von 8 bis 13 Uhr / Lehrer **3)** *b.* 1 / *c.* 6 / *d.* 5 / *e.* 3 / *f.* 2 **4)** *a.* 18.30 / *b.* 20.45 / *c.* 15.15 / *d.* 07.30 **5)** *a.* September *b.* Mai *c.* Oktober *d.* Juli
e. Januar *f.* November *g.* Dezember *h.* August *i.* Februar *j.* März *k.* Juni *l.* April **6)** Frühling: *b/j/k/o* Sommer: *d/e/f/n* Herbst: *c/i/h/m* Winter: *a/g/l/p*
7) *a.* Uhr *b.* von *c.* halb neun
d. Dezember *e.* Sommer *f.* Wie viel

Chapitre 18

1) *b.* Frosch im Hals *c.* Hunger *d.* Tomaten auf den Augen *e.* satt *f.* gut *g.* Nase voll *h.* weder Hand noch Fuß **2)** *b.* hatte... *c.* hattet ... *d.* hatten... *e.* hatten... *f.* hattest... *g.* hatte... **3)** *a.* hatte *b.* war + hatte *c.* hatten + war *d.* waren + hatten *e.* war + war *f.* war + war *g.* hattest *h.* waren *i.* hatte + war *j.* hatte **4)** *a.* 5 *b.* 4 *c.* 1 *d.* 7 *e.* 2 *f.* 3 *g.* 6 **6)** *Quelques exemples*: b. Liebe Ines, lieber Lukas! Herzliche Glückwünsche zur Vermählung. Ich hoffe, ihr habt einen tollen Tag und eine schöne Feier. / c. Liebe Oma und lieber Opa! Frohe Weihnachten und ein gutes, neues Jahr

Chapitre 19

1) *a.* Zug *b.* Motorrad *c.* Flugzeug *d.* Straßenbahn *e.* LKW *f.* Schiffe *g.* PKW *h.* Bus *i.* U-Bahn **2)** *a.* mit *b.* bei *c.* mit *d.* von *e.* bei *f.* von *g.* mit **3)** *a.* dem *b.* meiner *c.* dem *d.* einer *e.* dem *f.* meinen *g.* dem **4)** *a.* seinem Vater. *c.* ein schneller Zug. *d.* von meiner Freundin in Paris. *e.* bei meinen Eltern in der Garage. *f.* im Sommer nach Rom. *g.* ein Junge aus Hamburg. *h.* mit der Straßenbahn zur Arbeit. *i.* ein Eis mit Schokoladensoße. *j.* für

meinen Mann. **5)** 1. München *n'est pas la capitale de l'Allemagne.* 2. *On ne "vole" pas avec le train.* 3. *La tante ne peut pas avoir 500 ans.* 4. *On ne "mange" pas de la bière.* 5. *On ne se couche pas à 13 heures.* **6)** *a.* Stewardess
b. Transporteur *c.* Kontrolleur *d.* Schiffskapitän *e.* Busfahrerin **7)** a. *gratuit* b. *péage* c. *trafic*
d. *bouchon* e. *chantier* f. *station de service*

Chapitre 20

1) *a.* Maurer *b.* traurig? *c.* glücklich? *d.* krank? **2)** *b.* werden groß. *c.* wirst ein Mann! *d.* wird kalt. *e.* werden reich! *f.* werdet dick! *g.* werde verrückt!
3) *b.* Donnerstag, 4. August *c.* Freitag, 5. August *d.* Mittwoch, 10. August *e.* Mittwoch 8. September *f.* Mittwoch 4. August **4)** *b.* 100 Jahre Jubiläum *c.* in Stuttgart besuchen. *d.* ein Haus in der Normandie. *e.* zu Hause. *f.* für das Frühstück? *g.* dein Abi?
5) *b.* Was wird sie essen? *c.* Was werden sie machen? *d.* Was werdet ihr kaufen? *e.* Was wirst du trinken? *f.* Was werde ich schreiben? **7)** *b.* Lady Gaga *c.* Louis de Funès *d.* Spaghetti *e.* Harry Potter *f.* Johnny Halliday

Solution chapitre 4 ; exercice 5 :
a. kommen *b.* machen *c.* trinken *d.* haben *e.* sein *f.* kommen *g.* sagen

W	K	S	W	U	X	T
L	O	G	N	S	H	R
J	M	H	A	H	A	I
S	M	G	N	Z	B	N
Y	E	P	Q	E	E	K
N	N	S	E	I	N	E
L	M	A	C	H	E	N

Cet ouvrage a été achevé d'imprimer en novembre 2014
sur les presses de Normandie Roto Impression s.a.s.
à Lonrai (Orne)
N° d'imprimeur : 1404537
Dépôt légal : mai 2011

Imprimé en France